Slovenski jezik za Japonce

スロヴェニア語入門

金指久美子 著

Kumiko Kanazaši

大学書林

Daigakušorin

装丁:志賀紀子

カバー　表／上　養蜂箱の扉に用いられる戸板 (panjska končnica) のモチーフ
　　　　表／下　J. D. Florjančič が作成したカルニオーラ(クランスカ)公国の地図 [1744]。
　　　　裏　　　ブレッド湖 (Blejsko jezero)。
扉　　　　　　　フライジング文書 [972-1039]。

まえがき

　スロヴェニア共和国は 1991 年に独立したごく若い国家で，その面積は 2 万 256 平方キロメートルとたいへん小さいにもかかわらず，地形の変化に富み豊かな自然に恵まれた美しい国である．南西のプリモーリエ地方の海岸から少し東へ進むとユネスコの世界文化自然遺産に指定されたシュコツィアン洞窟群をはじめとするカルスト地形が続く．その北側はユリアン・アルプスがそびえ，そして東部はこうのとりの生息するパンノニア低地が広がっている．自然ばかりではない．出版文化が盛んで，印刷，装丁の技術とも高水準を誇る．この国の公用語がスロヴェニア語である．スロヴェニアの人口はほぼ 200 万人だが，隣国及びアメリカやオーストラリアへの移民や亡命者たちをあわせると言語人口は 250 万人ほどと言われている．

　本書は日本人のために編纂されたスロヴェニア語の文法入門書である．大きく分けて 5 つの部分から構成されている．
1．基本編．30 課にわたってスロヴェニア語の文字と発音，基本文法が学べるようになっている．
2．文法補遺．不規則変化をする語や語尾のヴァリエーション，そして格の用法や接続詞・接続表現の用法など，基本文法をさらに補足し充実させるような情報を提示した．
3．スロヴェニア語概説．この言語の方言と語史を簡略に述べた．
4．練習問題の解答．
5．語彙集．
　a）日本語－スロヴェニア語索引．練習問題の作文をする際に役立つよう，基本編の単語を列挙し，初出課を示した．
　b）スロヴェニア語－日本語索引．基本編の新出単語は各課平均 16 語に押さえたため，頻度数が高いと思われる語（残念ながらスロヴェニア語頻度数辞典は今のところ出版されていない）であるにもかかわらず盛り込めなかった語を文法補遺でなるべく多く用いるようにこころがけた．そのため，こちらの語彙集は基本編のみならず文法補遺で用いた語も取り上げた．

　本書を執筆するにあたって，東京外国語大学講師 Jelisava Dobovšek－Sethna さんにはテキストのチェックを初めとしさまざまなアドヴァイスをいただいた．そして，装丁して下さった志賀紀子さん．お二人には心より感謝いたします．

著　者

目　　次

第1課　1．LEKCIJA ………………………………………………… 1
　文字と発音　1：母音字，アクセント´，子音字 h, v, j, l, r, č
　簡単な表現：Tó je ～. Kjé je ～? ～, prósim.
　テキスト：喫茶店で　　練習問題

第2課　2．LEKCIJA ………………………………………………… 5
　文字と発音　2：アクセント`，アクセントのない e，子音字 c
　簡単な表現：Tó ní ～. A je tó ～? Já./Nè.
　テキスト：辞書はどこ？　　練習問題

第3課　3．LEKCIJA ………………………………………………… 9
　文字と発音　3：アクセント^，子音字 š, ž
　簡単な表現：A ste ～? ～ sem. Nísem ～.
　テキスト：挨拶　　練習問題

第4課　4．LEKCIJA ………………………………………………… 13
　文字と発音　4：発音の規則(1)語末の有声子音字，子音間の r
　名詞の性，所有代名詞1　　「～さん」の言い方
　テキスト：出迎え　　練習問題

第5課　5．LEKCIJA ………………………………………………… 17
　文字と発音　5：発音の規則(2)子音字の母音化
　所有代名詞2，形容詞，指示代名詞
　テキスト：誰のですか？　　練習問題

まとめと応用　1 …………………………………………………… 21
　文字と発音
　名詞の性，形容詞，所有代名詞，指示代名詞
　人称代名詞，職業名・民族名

第6課　6．LEKCIJA ………………………………………………… 25
　動詞の現在人称変化　1　－a 型
　名詞の格変化，名詞単数対格
　テキスト：モイツァの家族　　練習問題

第7課　7．LEKCIJA ………………………………………………… 29

動詞の現在人称変化　2　−e型，iméti の否定
　　名詞単数生格
　　　テキスト：電話（トーネとモイツァ）　　練習問題
第8課　8．LEKCIJA ·· 33
　　動詞の現在人称変化　3　−je型，名詞単数前置格
　　所有代名詞 svój, 出没母音の −e−
　　　テキスト：どこに住んでいるの？　　練習問題
第9課　9．LEKCIJA ·· 37
　　動詞の現在人称変化　4　−i型，名詞単数与格
　　男性名詞 −r の変化
　　　テキスト：図書館で　　練習問題
第10課　10．LEKCIJA ·· 41
　　動詞の現在人称変化　5　不規則動詞 íti, 名詞単数造格
　　方向/場所を表す前置詞 v と na
　　　テキスト：どこへ行くのですか？　　練習問題
まとめと応用　2 ·· 45
　　規則動詞現在人称変化，特殊な否定形：iméti
　　疑問文のヴァリエーション，名詞の単数格変化
　　否定の疑問，−j− による語幹の拡大
　　挨拶の表現，職業名，国名
第11課　11．LEKCIJA ·· 49
　　動詞の現在人称変化　6　不規則動詞 bíti とその否定形
　　名詞双数主格/対格，複数主格，複数対格
　　　テキスト：トーネの部屋　　練習問題
第12課　12．LEKCIJA ·· 53
　　動詞の現在人称変化　7　不規則動詞 védeti, 名詞複数/双数生格
　　出没母音の −e−, 数詞と名詞の結びつき，複数形名詞
　　　テキスト：ヨージェの親戚　　練習問題
第13課　13．LEKCIJA ·· 57
　　過去時制，名詞双数造格，複数造格
　　前置詞 s と z
　　　テキスト：ヨージェの1日　　練習問題

第14課　14. LEKCIJA　　61
完了体と不完了体，過去時制の否定文，存在の否定
人称代名詞の生格と対格
テキスト：電話(マーシャとトーネ)　　練習問題

第15課　15. LEKCIJA　　65
命令法，再帰動詞
人称代名詞の与格
テキスト：マーシャの引越　　練習問題

まとめと応用　3　　69
不規則動詞現在人称変化，特殊な否定形：bíti と hotéti
過去時制，命令法，数詞と名詞の結びつき
数詞 6～29，人称代名詞与格を用いた表現

第16課　16. LEKCIJA　　73
未来時制，未来時制の否定文
名詞複数/双数前置格
テキスト：休暇の予定　　練習問題

第17課　17. LEKCIJA　　77
名詞双数与格，複数与格
人称代名詞造格，手紙の書き方1(親しい間柄で)
テキスト：手紙(トーネへ)　　練習問題

第18課　18. LEKCIJA　　81
形容詞単数変化，限定形と非限定形
語幹が －t－ によって拡大する男性名詞変化，特殊な命令法
テキスト：家族の写真　　練習問題

第19課　19. LEKCIJA　　85
人称代名詞前置格，語幹が －es－ によって拡大する中性名詞変化
特殊な形の l 分詞　1，前置詞 iz と s/z
テキスト：モイツァの誕生日　　練習問題

第20課　20. LEKCIJA　　89
ペアをなす名詞，特殊な形の l 分詞　2
「～できる」と「～できない」
テキスト：風邪　　練習問題

まとめと応用　4 ……………………………………… 93
　未来時制，特殊な形のl分詞，名詞の双数及び複数変化
　形容詞単数変化，親族名称
　人称代名詞変化

第21課　21．LEKCIJA ……………………………… 97
　形容詞双数/複数変化，男性名詞複数主格
　「〜が好き」と「〜が嫌い」
　テキスト：モイツァの友人　　練習問題

第22課　22．LEKCIJA ……………………………… 101
　条件法，曜日の表現
　再帰代名詞の変化
　テキスト：電話(モイツァとヨージェ)　　練習問題

第23課　23．LEKCIJA ……………………………… 105
　時間の表現　1
　語幹が −er− によって拡大する女性名詞変化
　テキスト：モイツァの1日　　練習問題

第24課　24．LEKCIJA ……………………………… 109
　所有形容詞，語幹が −t− によって拡大する中性名詞変化
　指示代名詞 tá の双数・複数主格，poznáti と védeti
　テキスト：パーティーの写真　　練習問題

第25課　25．LEKCIJA ……………………………… 113
　語幹が −n− によって拡大する中性名詞変化，不規則変化名詞 dán
　「〜してもよい」と「〜してはならない」，lahkó と znáti
　テキスト：トーネの事故　　練習問題

まとめと応用　5 ……………………………………… 117
　語幹が拡大する名詞の変化，条件法
　形容詞双数変化・複数変化，所有形容詞
　叙法，単語

第26課　26．LEKCIJA ……………………………… 121
　形容詞の比較級・最上級，目的分詞
　数詞の変化2〜5，指示代名詞 tá の造格
　テキスト：ヨージェの兄弟　　練習問題

第27課　27. LEKCIJA ··· 125
　序数詞，月の名称，日付の表し方
　時間の表現　2
　テキスト：駅での待ち合わせ　　練習問題

第28課　28. LEKCIJA ··· 129
　副詞の比較級・最上級，子音で終わる女性名詞変化　1
　疑問代名詞 káj, kdó の変化，指示代名詞 tá の与格
　特殊な形の命令法　1
　テキスト：クリスマスプレゼント　　練習問題

第29課　29. LEKCIJA ··· 133
　受動分詞，子音で終わる女性名詞変化　2
　関係代名詞 ki，手紙の書き方2（改まった場合）
　テキスト：手紙（コス教授へ）　　練習問題

第30課　30. LEKCIJA ··· 137
　数詞 èn の変化，子音で終わる女性名詞変化　3
　特殊な形の命令法　2，不規則変化 gospá，複数形名詞 ljudjé
　指示代名詞 tá の生格，接頭辞 pre－
　テキスト：空港で　　練習問題

まとめと応用　6 ··· 141
　子音で終わる女性名詞変化，特殊な形の命令法，不規則変化名詞
　目的分詞，形容詞比較級・最上級，副詞比較級・最上級
　代名詞 tá, vès，受動分詞
　単語：季節，方角　　表現：年齢，職業

文法補遺
　名詞 ·· 147
　男性名詞
　　－ov－ による語幹の拡大，móž, zòb の変化，otròk の変化
　中性名詞
　　複数形名詞 tlà の変化，双数/複数生格形
　女性名詞
　　単数主格 －a 型の双数/複数生格形
　格の用法

－ vi －

数詞……………………………………………………………… 157
　　基数詞，序数詞，èn と êden, stô の変化
　　分数，小数，〜回，〜回目，集合数詞
　動詞……………………………………………………………… 161
　　副動詞，能動形動詞
　　動詞の体の基本的用法，運動の動詞
　　接続詞と接続表現の基本的用法……………………………… 165
　　重文を形成するもの，複文を形成するもの
　　語順……………………………………………………………… 170
スロヴェニア語概説……………………………………………… 174
練習問題解答……………………………………………………… 196
日本語―スロヴェニア語索引…………………………………… 211
スロヴェニア語―日本語索引…………………………………… 222

　　　　☆本書には別売のカセットテープがあります。どうぞご活用ください。
　　　　　　吹込者：Jelisava Dobovšek－Sethna

第1課　　1. LEKCIJA

文字と発音 1
　スロヴェニア語はローマ字をベースとした25個の文字で書き表します。

母 音 字
　母音を表す文字は **a, i, u, e, o** の5つです。
　アクセント記号のつかない母音字はそれぞれ日本語のア，イ，ウ，エ，オに似ています．uは唇を丸めて突き出すようにしてください．短く弱く発音します．

アクセント ´
　a, i, u の上にアクセント記号 ´ が付くときは長く強くはっきりと発音します．
　e と o の上に ´ が付くと，éはエとイの中間のような音を長く強く，óは唇をとがらせぎみにして長く強く発音します．
◇スロヴェニア語の新聞や雑誌にはアクセント記号が普通ついていません．

子 音 字
　子音を表す文字の発音はローマ字表記された日本語の発音とほぼ似ています．基本的には1字1音です．ここでは，この課のテキストにでてくる子音字のうち，特に気をつけておくべき文字とその発音を挙げます．
　　h：「ク」を強く発音するときにでるこすれる音　　hvála　　ありがとう
　　v：下唇に前歯を軽くあててだす「ヴ」　　　　　　víno　　　ワイン
　　j：日本語の「ヤ」の子音とほぼ同じ音　　　　　　já　　　　はい
　　l：舌先を歯の裏に当ててだす「ル」　　　　　　　mléko　　ミルク
　　r：舌先を震わせる「ル」　　　　　　　　　　　　prósim　　お願いします
　　č：唇をつきだしぎみにした「チュ」　　　　　　　čáj　　　　お茶

—1—

簡単な表現

「これは〜です．」という時には　　　　Tó je 〜. とします．
「〜はどこですか？」という時には　　　Kjé je 〜? とします．

例文：Tó je čáj.　　　これはお茶です．
　　　Tó je víno.　　　これはワインです．
　　　Tó je mléko.　　これは牛乳です．
　　　Kjé je čáj?　　　お茶はどこですか．
　　　Kjé je víno?　　ワインはどこですか．
　　　Kjé je mléko?　牛乳はどこですか．

喫茶店などで，「〜をお願いします．」と注文する時には，
〜, prósim. とします．

例文：Čáj, prósim.　　　お茶をお願いします．
　　　Víno, prósim.　　　ワインをお願いします．
　　　Mléko, prósim.　　牛乳をお願いします．

"Prósim." は「どういたしまして．」という時にも用います．

　スロヴェニア Slovenija の首都はリュブリャーナ Ljubljana といいます．この町は時代によってさまざまな名で呼ばれてきました．
　ローマ帝国の植民都市だったころの名はエモーナ Emona でした．12世紀半ばにはライバッハ Leybach あるいはルヴィガナ Luwigana として文献に登場します．その後はオーストリア領ケルンテン州の中心地ライバッハ Laibach として第一次世界大戦まで知られていました．
　現在のリュブリャーナは人口約30万人の，スロヴェニア最大の都市です．

新出単語

Tóne	トーネ（男の名）	hvála	ありがとう
čáj	お茶	víno	ワイン
prósim	お願いします	mléko	牛乳, ミルク
	／どういたしまして	kjé	どこに
natákar	ウェイター	je	ある, である
trenútek	少々お待ちください	tó	これ
izvólite	どうぞ		

───── テキスト　喫茶店で ─────

Tóne	−Čáj prósim.
natákar	−Trenútek, prósim.... Izvólite.
Tóne	−Hvála.
natákar	−Prósim.

首都リュブリャーナ Ljubljana で一番の大通りスロヴェニア通り Slovenska cesta から, リュブリャニツァ川 Ljubljanica へ向かう道, チョプ通り Čopova ulica. 喫茶店やブティックが立ち並ぶ.

```
┌─ 訳 ─────────────────────────────┐
│ トーネ：      お茶お願いします．          │
│ ウェイター：   少々お待ちください…どうぞ．    │
│ トーネ：      ありがとう．              │
│ ウェイター：   どういたしまして．          │
└──────────────────────────────────┘
```

練習問題（解答は 196 ページ）

1　次の単語を発音しなさい．
　1) átlas　地図帳　　　2) désno　右に
　3) dán　日　　　　　　4) hčérka　娘
　5) imé　名前　　　　　6) slovár　辞書
　7) mogóče　きっと　　 8) časopís　新聞
　9) túkaj　ここに　　　10) oprostíte　すみませんが

2　次の日本語をスロヴェニア語に訳しなさい．
　1) ミルクをお願いします．
　2) お茶はどこですか．
　3) ワインをお願いします．
　4) これはお茶です．
　5) これはワインです．
　6) これはトーネです．
　7) ウェイターはどこですか．
　8) 少々お待ちください．
　9) ありがとう．
　10) どういたしまして．

第 2 課　　2. LEKCIJA

文字と発音 2

アクセント　ˋ
a, i, u の上にアクセント記号ˋが付くときは短く強く発音します．
例：tàm　そこに，sìr　チーズ

e と o の上にˋが付くと，è はあごを下げてエを短く強く，ò はオを口を大きく開けて短く強く発音します．
例：nè　いいえ，òn　彼

アクセントのない e
e にアクセントがない場合，特に単語の後ろから 2 番目の e は ə (曖昧なア) と発音されることがあります．
例：zvézek　ノート
　　　　[ə]

子音字
この課のテキストにでてくる子音字のうち，気をつけておくべき文字とその発音を挙げます．
　c：日本語の「ツ」の子音とほぼ同じ音　　Slovénec　スロヴェニア人

国民博物館 Narodni muzej. 前に立つ銅像は，17 世紀を代表する知識人ヤネス・ヴァイカルド・ヴァルヴァゾール Janez Vajkard Valvasor.

簡単な表現

「これは～ではありません.」という時には　　Tó ní ～.とします.
「これは～ですか？」という時には　　　　　A je tó ～?とします.
　答えは,「はい.」　　　　　　　　　　　　Já.
　あるいは,「いいえ.」　　　　　　　　　　Nè.となります.

　例文：A je tó Slovénec?　　この方はスロヴェニア人ですか？

　　　Já, tó je Slovénec.　　はい, この方はスロヴェニア人です.
　　　Já, Slovénec je.　　　 はい, スロヴェニア人です.
　　　Já, je.　　　　　　　　はい, そうです.

　　　Nè, tó ní Slovénec.　　いいえ, この方はスロヴェニア人ではありません.
　　　Nè, ní Slovénec.　　　 いいえ, スロヴェニア人ではありません.
　　　Nè, ní.　　　　　　　　いいえ, ちがいます.
　　　Nè, tó je Némec.　　　 いいえ, この方はドイツ人です.
　　　Nè, Némec je.　　　　　いいえ, ドイツ人です.

◇ Dà.も「はい.」という意味です. これは, 改まった時に用いられ, 最近では日常会話で使われることはあまりありません.

　"Izvóli."は第1課の"Izvólite."と同じく「どうぞ」という意味ですが, 家族や友人など親しい人に対して使う形です.

新出単語

Mójca	モイツァ（女の名）	a	（疑問文の前につけて）
slovár	辞書		～かどうか
tàm	そこに	ô	おや
désno	右に	túkaj	ここに
nè	いいえ	izvôli	どうぞ
ní	～でない	Slovénec	スロヴェニア人
já	はい	Némec	ドイツ人
zvézek	ノート	dà	はい（文語的）

テキスト　辞書はどこ？

Tóne	－Mójca, kjé je slovár ?
Mójca	－Slovár je tàm, désno.
Tóne	－Nè, tó ní slovár. Tó je zvézek.
Mójca	－A zvézek je !?
Tóne	－Já.
Mójca	－Ó, slovár je túkaj. Izvôli.
Tóne	－Hvála.
Mójca	－Prósim.

文房具－机の引き出しにきっとあります．

beléžnica	メモ帳	spénjač	ホチキス
kémični svínčnik	ボールペン	svínčnik	鉛筆
lepílo	のり	šestílo	コンパス
radírka	消しゴム	škárje	鋏
ravnílo	定規	zvézek	ノート

> **訳**
> トーネ：　モイツァ，辞書はどこ？
> モイツァ：辞書はそこ，右にあるわ．
> トーネ：　ううん，これは辞書じゃないよ．ノートだよ．
> モイツァ：あら，ノートなの!?
> トーネ：　うん．
> モイツァ：あ，辞書はここよ．どうぞ．
> トーネ：　ありがとう．
> モイツァ：どういたしまして．

練習問題 （解答は 196 ページ）

1　次の単語を発音しなさい．
　1) sìr　チーズ　　　　　　2) dánes　今日
　3) dóber dán　こんにちは　4) otròk　こども
　5) fànt　男の子　　　　　 6) pétek　金曜日
　7) gospá　〜さん　　　　　8) izlèt　遠足
　9) kakó　どのように　　　 10) òn　彼

2　次の日本語をスロヴェニア語に訳しなさい．
　1) これはお茶ですか．
　2) はい，これはお茶です．
　3) いいえ，これはお茶ではありません．
　4) ノートはどこですか．
　5) ミルクはそこです．
　6) ワインはここです．
　7) これはワインではありません．
　8) これは辞書ですか．
　9) この方はモイツァですか．
　10) はい，モイツァです．

第 3 課　　3. LEKCIJA

文字と発音 3

アクセント ^

アクセント記号^はeとoの上にしかつきません．
êはあごを下げて長く強くエと発音します．
例：sêstra　姉・妹
ôは口を大きく開けてオを長く強く発音します．
例：dôbro　よく

子音字

この課のテキストに出てくる子音字のうち，特に気をつけるべき文字は以下の2つです．
š：唇を突き出しぎみにして発音する「シュ」　študêntka　学生
ž：唇を突き出しぎみにして発音する「ジュ」　Župánčič　ジュパンチチ
　（舌先を歯の裏にあてないこと）　　　　　　　　　　　　（姓）

スロヴェニア主要都市一覧－人口1万人以上の都市を人口の多い順に挙げます．

リュブリャーナ	Ljubljana	ノーヴォ・メースト	Novo mesto
マリボル	Maribor	ノーヴァ・ゴリーツァ	Nova Gorica
ツェーリエ	Celje	ムールスカ・ソボタ	Murska Sobota
クラーン	Kranj	シュコフィヤ・ロカ	Škofja Loka
ヴェレーニエ	Velenje	プトゥイ	Ptuj
コーペル	Koper		

簡単な表現

「はじめまして.」という挨拶は　　　　Me　veselí.といいます.

例文：－Me veselí. Župánčič.　はじめまして. ジュパンチチです.

「あなたは～ですか？」という時には　　A ste ～?　とします.
「私は～です.」という時には　　　　　～ sem.　　とします.
「私は～ではありません.」という時には　Nísem ～.　とします.

例文：－A ste Japónec?　　　　あなたは日本人ですか？
　　　－Já, Japónec sem.　　　　はい，私は日本人です.

　　　－A ste študènt?　　　　　あなたは学生ですか？
　　　－Nè, nísem študènt.　　　いいえ，学生ではありません.
　　　　Novínar sem.　　　　　　記者です.

「お元気ですか.」と聞くときには　　　Kakó ste?　とします.

例文：－Kakó ste?　　　　　　　お元気ですか？
　　　－Hvála, dôbro.　　　　　ありがとう, 元気です.

　　　－Kakó ste?　　　　　　　お元気ですか？
　　　－Hvála, gré.　　　　　　ありがとう, まあまあです.
　　　　In ví?　　　　　　　　そしてあなたは？
　　　－Hvála, túdi gré.　　　　ありがとう, わたしもまあまあです.

新出単語

dôber dán	こんにちは	túdi	～も
gospá	～さん（女性）	me veselí	はじめまして
（省略形：ga.）		študêntka	学生（女）
Župánčič	ジュパンチチ（姓）	sem	（私は）である
kakó	どのように	Japónec	日本人
ste	（あなたは）ある, である	novínar	記者,
dôbro	よく		ジャーナリスト
in	そして	gré	まあまあ
ví	あなた	študènt	学生（男）

テキスト　挨拶

Tóne	―Dôber dán, gospá Župánčič.
ga. Župánčič	―Dôber dán. Kakó ste?
Tóne	―Hvála, dôbro. In ví?
ga. Župánčič	―Hvála, túdi dôbro.
Tóne	―Gospá Župánčič, tô je Mójca.
Mójca	―Me veselí.
ga. Župánčič	―Me veselí. A ste študêntka?
Mójca	―Já, študêntka sem.

　複数の学部 fakulteta を有する大学 univerza はスロヴェニアには目下のところ2校あります。1919年に創立されたリュブリャーナ大学 Univerza v Ljubljani と1975年に創立されたマリボル大学 Univerza v Mariboru です。学部はまた、さまざまな学科 oddelek から成り立っています。2校併せて毎年6000人以上の卒業生を輩出しています。

―― 訳 ――
トーネ： こんにちは，ジュパンチチさん．
ジュパンチチ夫人：こんにちは．お元気ですか？
トーネ： ありがとう，元気です．あなたは？
ジュパンチチ夫人：ありがとう，私も元気です．
トーネ： ジュパンチチさん，こちらはモイツァです．
モイツァ： はじめまして．
ジュパンチチ夫人：はじめまして．学生さんですか？
モイツァ： はい，学生です．

練習問題（解答は 196 ページ）

1　次の単語を発音しなさい．
　1）študènt　学生（男）　　2）sêstra　姉・妹
　3）ôni　彼ら　　　　　　　4）šóla　学校
　5）bôžič　クリスマス　　　6）šê　まだ
　7）ôče　父　　　　　　　　8）žé　もう
　9）ôna　彼女　　　　　　　10）letalíšče　空港

2　次の日本語をスロヴェニア語に訳しなさい．
　1）モイツァは学生ですか．
　2）モイツァは学生ではありません．
　3）あなたはジュパンチチさんですか．
　4）はい，ジュパンチチです．
　5）いいえ，ジュパンチチではありません．
　6）こんにちは，お元気ですか．
　7）わたしは日本人です．
　8）わたしは日本人ではありません．
　9）あなたは記者ですか．
　10）わたしは記者です．

第4課　4. LEKCIJA

文字と発音 4

発音の規則(1)　語末の有声子音字
以下の文字で表される音は次のように有声・無声のペアを作ります。

無声	p	t	k	s	š
有声	b	d	g	z	ž

このうち、下の列の有声子音字が語末にくると、対応の（真上の）無声子音として発音されます。例：gospód　～さん，jàz　私
　　　　　　　　　　　　　　　　　　　[t]　　　　　[s]

子音間の r
rは子音間では前に曖昧なə「ア」を伴って発音します。
　例：pr̲tljága　荷物

名詞の性
　スロヴェニア語の名詞は男性，女性，中性の3種類に分類されます。
　男の人を表す名詞は男性名詞，女の人を表す名詞は女性名詞となるのが普通です。生物性をもたない名詞も語末によって以下のように3種類に分けられます。

　　男性名詞は，原則として子音で終わります。dežník　傘
　　女性名詞は，原則として-aで終わります。prtljága　荷物
　　中性名詞は，必ず-oか-eで終わります。koló　自転車，
　　　　　　　　　　　　　　　　　　　stanovánje　住居, 住まい

◇男性名詞には，子音で終わるものの他に，-aで終わるグループと-eで終わるグループもあります。
　また，外来語は男性名詞として扱われます。
◇女性名詞には子音で終わるグループもあります。

所有代名詞 1

所有代名詞 mój 私の, tvój 君の, nàš 私たちの, vàš あなた(たち)の は次にくる名詞の性に従って, 以下のような形をとります.

mój / tvój / nàš / vàš	男性名詞
mója / tvója / náša / váša	女性名詞
móje / tvóje / náše / váše	中性名詞

◇ tvój は家族や友人など親しい関係で相手が1人の時に用います. vàš は相手が複数の時やそれほど親しくない1人の相手に用います.

例文：－A je tó tvój zvézek?　これは君のノートなの？
　　　－Já, mój zvézek je.　うん, 僕のノートだよ.
　　　－A je tó váša tórba?　これはあなたのカバンですか？
　　　－Nè, tó ní mója.　いいえ, 私のカバンではありません.
　　　－A je tó váše stanovánje?
　　　　これはあなたがたのお住まいですか？
　　　－Já, tó je náše stanovánje.
　　　　はい, これは私たちの住まいです.

「～さん」の言い方

「～さん」という時, 名前あるいは名字の前に以下のような語を加えます.
男性：gospód　（省略形　g.）既婚, 未婚の区別なく用います.
女性：gospá　（省略形　ga.）既婚者に用います.
　　　gospodíčna（省略形　ga.）未婚者に用います.

例文：－Dóber dán, gospá Župánčič.
　　　　こんにちは, ジュパンチチさん.
　　　－Dóber dán, gospód Kòs.
　　　　こんにちは, コスさん.

新出単語

oprostíte	すみません	prtljága	荷物
	ごめんなさい	mój	私の
mogóče	ひょっとして	dežník	傘
profésor	教授	koló	自転車
Kòs	コス（姓）	tvój	君の
jàz	私	nàš	私たちの
imé	名前	gospód	～さん（男性）
Imé mi je...	私の名前は～です．	stanovánje	住宅，住まい
vàš	あなたの	tórba	カバン，バッグ

テキスト　出迎え

Mójca	−Oprostíte, prósim, a ste mogóče profésor Kòs？
profésor	−Já, jàz sem Kòs．
Mójca	−Me veselí. Imé mi je Mójca．
profésor	−Me veselí．
Mójca	−A je tó váša prtljága？
profésor	−Já, tó je mója tórba, in tó je mój dežník．
Mójca	−In koló, je tó túdi váše？
profésor	−Nè, ní．

新鮮な果物や野菜が売られている市場 tržišče．リュブリャーナにて．

— 15 —

> **訳**
>
> モイツァ：すみません，ひょっとしてコス教授ではありませんか？
> 教授：　　はい，コスです．
> モイツァ：はじめまして，モイツァといいます．
> 教授：　　はじめまして．
> モイツァ：これは先生の荷物ですか？
> 教授：　　ええ，これは私のカバンです．そしてこれが私の傘です．
> モイツァ：それで，自転車は，これも先生のですか？
> 教授：　　いいえ，ちがいます．

練習問題（解答は 196 ページ）

1 次の単語を発音しなさい．
  1) sladoléd　アイスクリーム　　2) dèž　雨
  3) obràz　顔　　　　　　　　　4) grád　城
  5) zôb　歯　　　　　　　　　　6) snég　雪
  7) môž　夫　　　　　　　　　　8) rázred　教室
  9) zahòd　西　　　　　　　　　10) júg　南

2 次の日本語をスロヴェニア語に訳しなさい．
  1) 僕のノートはどこだろう．
  2) 君のノートはそこだよ．
  3) これは私たちの住まいです．
  4) これはあなたの傘ですか．
  5) はい，これは私の傘です．
  6) あなたの辞書はどこですか．
  7) 私の辞書はここです．
  8) これはきっと私のバッグです．
  9) これはあなたがたの荷物ですか．
  10) いいえ，私たちの荷物ではありません．

第5課　　5．LEKCIJA

文字と発音　5

発音の規則(2)子音字の母音化
vは語末またはr, l以外の子音字の前では唇をとがらせない「ウ」と発音します．
例：čigáv 誰の，ávto 車
　　　[u̯]　　　[u̯]

lは語末または子音字の前では唇をとがらせない「ウ」と発音します．
例：žal 残念なことに
　　　[u̯]

語頭のrは後に子音字が続く場合は前に曖昧なə「ア」を伴って発音します．
例：rdèč 赤い
　　[ər]

所有代名詞　2
所有代名詞 njegóv 彼の，njén 彼女の，njún 彼ら二人の，nájin 私たち二人の，vájin あなたがた二人の，njíhov 彼らの　と疑問代名詞 čigáv 誰の　は次にくる名詞の性に従って，以下のような形をとります．

njegóv / njíhov / čigáv	男性名詞
njegóva / njíhova / čigáva	女性名詞
njegóvo / njíhovo / čigávo	中性名詞
njén / njún / nájin / vájin	男性名詞
njéna / njúna / nájina / vájina	女性名詞
njéno / njúno / nájino / vájino	中性名詞

形容詞

形容詞は次にくる名詞の性に従って以下のような形をとります．

nõv_ ／rdèč_	男性名詞
nôva／rdéča	女性名詞
nôvo／rdéče	中性名詞

◇あとに中性名詞がくる場合，−c, −č, −š, −ž, −j のあとは e を，それ以外の子音字のあとでは o を書きます．所有代名詞も同様です．

指示代名詞

指示代名詞 tá この　は次にくる名詞の性に従って以下のような形をとります．

tá	男性名詞
tá	女性名詞
tó	中性名詞

例文：　−Čigáv je tá slovár?　この辞書は誰のですか？
　　　−Tó je njegóv slovár.　これは彼の辞書です．

　　　−A je tó njéna tôrba?　これは彼女のバッグですか？
　　　−Nè, ní.　いいえ，ちがいます．

　　　Tó je njíhovo nôvo stanovánje.
　　　これは彼らの新しい住居です．

　　　−A je tó vájino koló?　これはあなたがた二人の自転車ですか？
　　　−Tó rdéče?　この赤いのですか？
　　　−Já.　ええ．
　　　−Tó ní nájino koló.　いいえ，私たち二人の自転車ではありません．
　　　　To koló je njegóvo.　この自転車は彼のなんですよ．

— 18 —

新出単語

čísto	すっかり	njegóv	彼の
nòv	新しい	rdèč	赤い
ávto[男]	車，自動車	njén	彼女の
žàl	残念ながら	njún	彼ら二人の
čigáv	誰の	nájin	私たち二人の
tá	この	vájin	あなたがた二人の
Jóže[男]	ヨージェ(男の名)	njíhov	彼ら(三人以上)の
		Máša[女]	マーシャ(女の名)

―― テキスト　誰のですか？ ――

Mójca	―Ó, tó je čísto nòv ávto.
	A je tó tvój ávto?
Tóne	―Žàl ní mój.
Mójca	―Čigáv je tá ávto?
Tóne	―Tó je njegóv ávto.
Jóže	―Já, mój ávto je.
Mójca	―Jóže, a je tó túdi tvóje koló?
Jóže	―Tó rdéče? Tó je njéno koló.
Máša	―Já, tóje je.

クルカ川 Krka のほとりにたたずむ，ノーヴォ・メースト Novo mesto.「新しい町」という意味だが，600年を越える歴史をもつ．

> **訳**
> モイツァ：おや，ぴかぴかの新車じゃないの．あなたの車なの？
> トーネ：　残念ながら僕のじゃないないんだ．
> モイツァ：誰の車？
> トーネ：　彼の車だよ．
> ヨージェ：そう，僕の車なんだ．
> モイツァ：ヨージェ，これもあなたの自転車なの？
> ヨージェ：この赤いの？これは彼女の自転車だよ．
> マーシャ：ええ，私のよ．

練習問題（解答は 197 ページ）

I　次の単語を発音しなさい．
 1) stòl　いす 　　　 2) vhòd　入り口
 3) vsè　すべて 　　 4) dêbel　太い
 5) cérkev　教会　　 6) apríl　4月
 7) naslòv　住所 　　8) pozdràv　あいさつ
 9) tržíšče　市場 　　10) hotél　ホテル

2　第1課から第4課までの新出単語の名詞の性を確定しなさい．

3　次の日本語をスロヴェニア語に訳しなさい．
 1) この傘は誰のですか．
 2) これは彼女の傘です．
 3) この赤いバッグは私のです．
 4) これは私たち二人の住まいです．
 5) この赤い自転車は彼のです．
 6) この荷物は誰のですか．
 7) これは彼ら二人の荷物です．
 8) これは新しい辞書です．
 9) あなたがた二人の自転車は新しいですね．
 10) このノートは私のではありません．

まとめと応用　1

文字と発音

　第1課から第5課は入門編として文字と発音を中心にまとめました．発音の規則の中にはまだでてきていないものも若干ありますが，この機会に覚えましょう．

母音字　L.1～L.3

アクセントあり	アクセントなし
í　　　ú　ì　　　　ù	i　　　　　u
é　　　ó　　è(ə)	e(ə)
ê　　　ô　　è　　　ò	e　　　o
á　　　　à	a
長	短

子音字

　1．位置に関係なく常に同じように発音される文字：m, n, h, f, j
◇語末や子音字の前の nj, lj という綴りの j は発音されない．

　2．無声化を起こす文字：b, d, g, z, ž
　これらの文字が語末，あるいは無声子音字の前にくると，対応の無声子音として発音される．→ L.4

　　b　→　[p]　　ob　　　　　　～時に
　　d　→　[t]　　gospód　　　　～さん
　　g　→　[k]　　dólgčas　　　　退屈
　　z　→　[s]　　jàz　　　　　　私
　　ž　→　[š]　　móž　　　　　　夫

3．有声化を起こす文字：p, t, k, s, š, c, č
これらの文字が有声子音字の前にくると，対応の有声子音として発音される．

p → [b]	s → [z]
t → [d]	š → [ž]
k → [g]	c → [dz]
	č → [dž]

例：k̠dó 誰，úc̠benik 教科書，glás̠ba 音楽

◇無声化・有声化は語と語の間でも起こる．

4．母音化を起こす文字：v, l, r
vは，語末またはr, lを除く子音字の前では，唇をとがらせない「ウ」と発音する．→ L.5
例：nòv̠ 新しい，áv̠to 車

lは語末または子音字の前では，唇をとがらせない「ウ」と発音する．→ L.5
例：žal̠ 残念ながら，pól̠dne 正午

rは後に子音字が続く場合の語頭または子音間では曖昧なə「ア」を伴って発音される．→ L.4, L.5
例：r̠dèč 赤い，pr̠tljága 荷物

◇子音間のrはアクセントをもつことがある．
　vŕsta 列，tŕg 広場

	唇		唇歯		歯		歯茎		口蓋	軟口蓋	
	無声	有声	無声	有声	無声	有声	無声	有声		無声	有声
閉鎖	p	b			t	d				k	g
摩擦			f	v (／u̯)	s	z	š	ž	j	h	
破擦					c	(dz)	č	(dž)			
流音					r (／ər)						
					l (／u̯)						
鼻音	m				n						

◇( )は有声化の結果現れる発音で，1文字では表されない
◇(／)は母音化を起こす場合のヴァリエーションを表す
◇下線は無声化有声化を起こすもの

名詞の性　→L. 4

男性名詞は，原則として−子音字．
　　　　　その他に−a のグループと−e のグループ．
　　　　　外来語．
女性名詞は，原則として−a．
　　　　　その他に−子音字のグループ．
中性名詞は，必ず−o か−e．

形容詞・所有代名詞　→L. 4，L. 5

−子音字	男性名詞	例：mó<u>j</u>／náji<u>n</u>／nà<u>š</u>／rdè<u>č</u>...
−子音字+a	女性名詞	例：tvój<u>a</u>／váji<u>na</u>／rdéč<u>a</u>...
−c, č, š, ž, j+e	中性名詞	例：mój<u>e</u>／náš<u>e</u>／rdéč<u>e</u>...
−その他の子音字+o	中性名詞	例：njegóv<u>o</u>／njén<u>o</u>／nôv<u>o</u>...

指示代名詞 → L. 5

tá	男性名詞	例：tá dežník
tá	女性名詞	例：tá prtljága
tó	中性名詞	例：tó stanovánje

単語
「まとめと応用」を使って，基本的な単語やフレーズを少しずつ増やしていきましょう。

人称代名詞

	単数	双数	複数
1人称	jàz	mídva（男）／mídve（女）	mí（男）／mé（女）
2人称	tí	vídva（男）／vídve（女）	ví（男）／vé（女）
3人称	ôn（男）	ônadva	ôni
	ôna（女）	ônidve	ône
	ôno（中）	ônidve	ôna

◇双数とは二人の人あるいは二つの物を表すときの形です。

職業名
既にでてきた職業名を表す単語で，同じ意味の女性名詞を挙げます。

　　　男／女
natákar ／natákarica　→ L. 1
novínar ／novínarka　→ L. 3
profésor／profésorica　→ L. 4
študènt ／študêntka　→ L. 3

民族名
既にでてきた民族名を表す単語で，同じ意味の女性名詞を挙げます。

　　　男／女
Slovénec／Slovénka　→ L. 2
Némec　／Némka　→ L. 2
Japónec／Japónka　→ L. 3

第6課　　6．LEKCIJA

動詞の現在人称変化　1
　動詞の現在時制は，主語の人称と数によって9通りに語尾を変えます．この課では3人称単数が－a で終わる規則変化動詞がでてきます．
délati：働く，する

	単数	双数	複数
1	délam	délava	délamo
2	délaš	délata	délate
3	déla	délata	délajo

　このタイプの変化をする動詞には iméti 持っている，študírati 学ぶなどがあげられます．iméti は imám, imáš...と変化し，不定形語幹と現在語幹が異なります．
　例文：－Kjé délaš?　どこで働いているの？
　　　　－Délam tàm. あそこで働いているんだよ．
◇否定するときは，ne という語を動詞の前に添えます．
　例文：－A délate túkaj?　あなたがたはここで働いているのですか？
　　　　－Nè, túkaj ne délamo.　いいえ，ここでは働いていません．

名詞の格変化
　スロヴェニア語は，名詞が文の中で果たす役割をその語尾の形によって表します．これを「格」といい，全部で6種類あります．日本語のてにをはに似ているように見えますが，日本語では，例えば，直接目的を示すためにはあらゆる名詞に「を」をつけられるのに対し，スロヴェニア語では名詞のグループごとにつける語尾が異なります．
　このような格変化は名詞の他，形容詞，代名詞，数詞に見られます．
　6種類の格とは，主格，生格，与格，対格，前置格，造格をさします．主格は主に文中で主語の役割をはたします．これまで出てきた名詞はほとんどすべて単数主格でした．第6課では直接目的の役割を担う対格が登場します．

単数対格

男性名詞			
活動体	bràt	→	bráta
不活動体	dežník	→	dežník
女性名詞	prtljága	→	prtljágo
中性名詞	stanovánje	→	stanovánje

◇男性名詞は活動体と不活動体のグループに分かれます．活動体は人や動物を意味する語を指し，不活動体はそれ以外を指します．
単数主格と異なる形になるのは，男性名詞活動体と，女性名詞です．
◇第1課のČáj, prósim.「お茶をお願いします．」のČájという語（男性名詞不活動体）は単数対格になっています．

例文：Mléko, prósim. ＜mléko
ミルクをお願いします．
Vôdo, prósim. ＜vôda
水をお願いします．
Máša imá sêstro. ＜sêstra
マーシャには妹がいます．
Mójca imá bráta. ＜bràt
モイツァにはお兄さんがいます．
A imáte dežník？ ＜dežník
傘をお持ちですか？
Imám tôrbo. ＜tôrba
私はバッグを持っています．
A imáš kolô？ ＜kolô
自転車持ってる？
Študírajo medicíno. ＜medicína
彼らは医学を勉強しています．

新出単語

študírati	勉強する	učíteljica[女]	先生，教師
medicína[女]	医学	ôče[男]	父
iméti	持っている	máti[女]	母
sêstra[女]	姉，妹	ne	〜でない
bràt[男]	兄，弟	gospodínja[女]	主婦
délati	働く，する	učítelj[男]	先生，教師
zdravník[男]	医者	zdàj	今
kot	〜として	vôda[女]	水

テキスト　モイツァの家族

Imé mi je Mójca. Jàz sem študêntka in študíram medicíno. Imám sêstro in bráta. Ônadva délata. Bràt je zdravník. Sêstra déla kot učíteljica. Ôče je túdi učítelj. Máti zdàj ne déla. Gospodínja je.

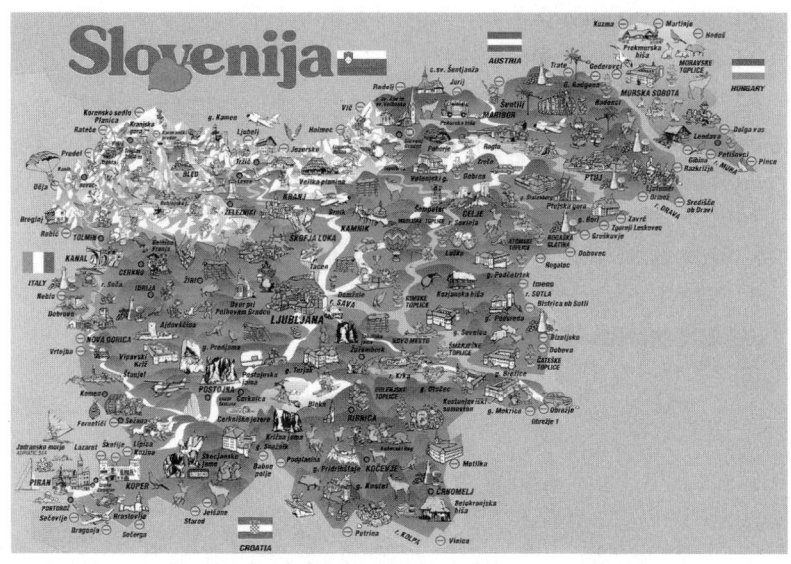

スロヴェニアの名物や観光スポットが描きこまれた地図.

訳

　私の名前はモイツァです．学生で，医学を勉強しています．私には姉と兄がいます．二人は働いています．兄は医者で，姉は教師として働いています．父も教師です．母は今働いていません．主婦です．

練習問題（解答は 197 ページ）

1　študírati, iméti を現在人称変化させなさい．

2　次の語を単数対格に変えなさい．
1) učítelj　　2) tórba
3) dežník　　4) študêntka
5) zdravník　6) víno
7) čáj　　　 8) mléko
9) gospód　　10) gospodínja

3　次の日本語をスロヴェニア語に訳しなさい．
1) ヨージェとマーシャは医学を勉強しています．
2) 私たちには妹がいます．
3) 私は医者として働いています．
4) 私の弟は自転車を持っています．
5) バッグと傘を持っていますか．
6) 私の弟は医者として働いています．
7) 彼らは医学を勉強しています．
8) 私の姉はノートと辞書を持っています．
9) 君とモイツァは医学を勉強しています．
10) 私と妹は働いています．

第 7 課　　7．LEKCIJA

動詞の現在人称変化 2

3人称単数が−eで終わる規則変化動詞
bráti：読む

	単数	双数	複数
1	bêrem	bêreva	bêremo
2	bêreš	bêreta	bêrete
3	bêre	bêreta	bêrejo, berǫ́

このタイプの変化をする動詞には nêsti 運ぶ，pisáti 書く　などがあげられます。pisáti は píšem, píšeš...という変化をし，不定形語幹と現在語幹が異なります。

3人称複数形で−ejo 以外に−ǫ́ という別形をもつ動詞が多いのもこのタイプの特徴です。

例文：−Káj délate?　　何をしていますか？
　　　−Bêrem revíjo.　　雑誌を読んでいます．

　　　−Káj bêre Tóne?　　トーネは何を読んでいますか．
　　　−Bêre knjígo.　　本を読んでいます．

imétiの否定

第5課で述べたように，動詞の否定は前に ne という語を添えますが，iméti は次のような特殊な否定形になります．

	単数	双数	複数
1	nímam	nímava	nímamo
2	nímaš	nímata	nímate
3	níma	nímata	nímajo

単数生格

否定文のとき，直接目的語は必ず生格になります．

男性名詞	dežník_	→	dežník<u>a</u>
女性名詞	prtljág<u>a</u>	→	prtljág<u>e</u>
中性名詞	stanovánj<u>e</u>	→	stanovánj<u>a</u>

例文：A imáš dežník？　　　　傘もっているの？
　→A nímaš dežníka？　　　　傘もってないの？

　　　Jóže imá sêstro.　　　　ヨージェには妹がいる．
　→Jóže níma sêstre.　　　　ヨージェには妹がいない．

　　　Bêrem písmo.　　　　　私は手紙を読んでいる．
　→Ne bêrem písma.　　　　私は手紙を読んでいない．

　　　Natákar nêse víno.　　　ウェイターはワインを運んでいる．
　→Natákar ne nêse vína.　　ウェイターはワインを運んでいない．

```
  主な疑問詞
káj      何                      kdáj     いつ
kakó     どのように，いかに      kdó      誰
kákšen   どのような              kjé      どこに，どこで
kám      どこへ                  kóliko   いくつ，いくら
katéri   どの                    zakáj    なぜ
```

新出単語

halò	もしもし	si	(君は)〜だ，〜である
žívjo	やあ，こんにちは	zaposlèn	忙しい
čàs[男]	時間	adíjo	じゃあね，バイバイ
na žálost	残念ながら	bráti	読む
káj	何	nêsti	運ぶ
pisáti	書く，書いている	revíja[女]	雑誌
referát[男]	レポート	knjíga[女]	本
tòrej	つまり，それでは	písmo[中]	手紙

──── テキスト　電話（トーネとモイツァ）────

Tóne　－Halò, Tóne túkaj.
Mójca　－Žívjo, Tóne！
Tóne　－Žívjo！A imáš dánes čàs？
Mójca　－Na žálost nímam čása.
Tóne　－Káj délaš？
Mójca　－Píšem referát.
Tóne　－Tórej si zdàj zaposlêna. Adíjo！
Mójca　－Adíjo！

外国からも多くの観光客が訪れるブレッド湖 Blejsko jezero. かなたにそびえるのは，ユリアン・アルプス Julijske Alpe.

―― 訳 ――――――――――――――――――――――
トーネ：　もしもし，トーネです．
モイツァ：こんにちは，トーネ！
トーネ：　こんにちは！今日時間ある？
モイツァ：残念だけど時間ないのよ．
トーネ：　何してるの？
モイツァ：レポートを書いているの．
トーネ：　じゃあ，今忙しいね．バイバイ！
モイツァ：またね！

練習問題（解答は 197 ページ）

1　pisáti, nêsti を現在人称変化させなさい．

2　次の語を単数生格に変えなさい．
　1）zdravník　　　2）tôrba
　3）dežník　　　　4）sêstra
　5）medicína　　　6）víno
　7）čáj　　　　　　8）mléko
　9）bràt　　　　　10）referát

3　次の日本語をスロヴェニア語に訳しなさい．
　1）コス教授は今レポートを読んでいません．
　2）今日私たちにはレポートがありません．
　3）（彼らは）何を読んでいるのですか．
　4）僕は忙しい．
　5）トーネには妹はいません．
　6）うちには牛乳はありません．（私たちは牛乳を持っていません．）
　7）ジュパンチチ夫人はバッグをもっていません．
　8）コス教授はどこでレポートを読んでいますか．
　9）君たち（二人）には時間がありますか．
　10）いいえ，私たち（二人）には時間がありません．

第8課　　8．LEKCIJA

動詞の現在人称変化 3
3人称単数が−je で終わる規則変化動詞
potrebováti：必要とする

	単数	双数	複数
1	potrebújem	potrebújeva	potrebújemo
2	potrebúješ	potrebújeta	potrebújete
3	potrebúje	potrebújeta	potrebújejo

　このタイプの変化をする動詞の多くは不定形が−ováti で，現在語幹と異なります．
　不定形が−ováti でない動詞，例えば píti 飲む, péti 歌う もこのタイプの変化をします．
　例：píti：píjem, píješ, píje…
　　　péti：pôjem, pôješ, pôje…

単数前置格
　この格は必ず前置詞を伴って用いられます．意味は前置詞の意味をとります．

男性名詞	dežník	→	dežníku
女性名詞	prtljága	→	prtljági
中性名詞	stanovánje	→	stanovánju

例文：−Kjé stanújete?　どこに住んでいらっしゃるのですか？
　　　−Stanújemo v Ljubljáni.　私たちはリュブリャーナに住んでいます．
　　　Tóne nakupúje v sámopostréžbi.
　　　トーネはスーパーマーケットで買い物をしています．

− 33 −

所有代名詞 svój 自分の

　この所有代名詞はあとにくる名詞の性によって mój などと同じように語尾を変え，文の主語と一致する場合に用いられます．

svój	男性名詞
svója	女性名詞
svóje	中性名詞

例文：Tóne imá njegóv telefón.
　　　トーネは彼（トーネ以外の男性）の電話をもっている．
　　　Tóne imá svój telefón.
　　　トーネは自分の電話をもっている．

出没母音の －e－

　dóber は，次に女性名詞や中性名詞がきて語尾 －a, －o をつける場合，うしろから2番目の －e－ は脱落します．
　　dóber dežník
　　dôbra sôba
　　dôbro stanovánje

この脱落は名詞にも起こります．
　　Japónec　→　Japónca, Japóncu
　　Slovénec　→　Slovénca, Slovéncu　等．

例文：Imám zvézek.　　僕はノートを持っている．
　　　Nímam zvézka.　僕はノートを持っていない．
　このように語形変化をする際に，現われたり消えたりする －e－ を出没母音といいます．

新出単語

stanováti	住む	svój	自分の
v ＋前	（〜の中）に，（〜の中）で	telefón[男]	電話
		blízu	近くに
Ljubljána[女]	リュブリャーナ	sámopostréžba[女]	スーパーマーケット
dóber	よい		
réd[男]	秩序	pogósto	しばしば
v rédu	大丈夫，まずまず	nakupováti	買い物をする
sôba[女]	部屋	potrebováti	必要とする
		píti	飲む
		péti	歌う

テキスト　どこに住んでいるの？

Mójca　―Tóne, kjé stanúješ?
Tóne　―Stanújem túkaj, v Ljubljáni.
Mójca　―A je tvóje stanovánje dôbro?
Tóne　―Já, v rédu. V sôbi imám svój telefón. Blízu je sámopostréžba in pogósto tàm nakupújem.

お城 grad からリュブリャーナの町並みを見下ろす。バロック様式の建物が目立つ．

---- 訳 ----
モイツァ：トーネ，どこに住んでいるの？
トーネ：　ここ，リュブリャーナに住んでいるんだよ．
モイツァ：あなたのうちはいい？
トーネ：　うん，まずまずだね．部屋には電話があるし．近くにはスーパーマーケットがあって，よくそこで買い物をするんだ．

練習問題（解答は 198 ページ）
1　stanováti, nakupováti を現在人称変化させなさい．

2　次の語を単数前置格に変えなさい．
1）zvézek　　　2）tórba
3）študêntka　4）Slovênec
5）medicína　　6）víno
7）čáj　　　　　8）mléko
9）brȁt　　　　10）telefón

3　次の日本語をスロヴェニア語に訳しなさい．
1）私たちには辞書が必要です．
2）モイツァは自分の自転車をもっています．
3）彼らはリュブリャーナに住んでいません．
4）どこにお住まいですか．
5）モイツァはよい学生です．
6）バッグの中に何をもっているの．
7）トーネにはノートは必要ありません．
8）私たち（二人）はスーパーマーケットでよく買い物します．
9）近くにはよいスーパーマーケットがあります．
10）これはよいワインではありません．

第 9 課　　9．LEKCIJA

動詞の現在人称変化 4
3人称単数が-iで終わる規則変化動詞
mísliti：思う，考える

	単数	双数	複数
1	míslim	mísliva	míslimo
2	mísliš	míslita	míslite
3	mísli	míslita	míslijo

このタイプの変化をする動詞のうち3人称複数形が-ijoとなるもののいくつかには別形-éがあります。　例：hitéti 急ぐ：hitíjo／hité

例文：－A govoríte po japónsko？
　　　日本語をお話しになりますか．
　　－Nè, ne govorím po japónsko, govorím pa po angléško.
　　　いいえ，日本語は話しません，でも英語を話します．

Govoríta zméraj po slovénsko.
あの二人はいつもスロヴェニア語を話します．

Míslim, da je Jóže zdàj v knjížnici.
ヨージェは今図書館にいると思います．

Želíte, prósim？
（お店で）何になさいますか？

単数与格
この格は主として間接目的(〜に)を表す時に用います．

男性名詞	dežník	→	dežník<u>u</u>
女性名詞	prtljág<u>a</u>	→	prtljág<u>i</u>
中性名詞	stanovánj<u>e</u>	→	stanovánj<u>u</u>

例文：Včásih píšem brátu písmo． 私は時々兄に手紙を書く．
Máši nêsem mléko． 僕はマーシャにミルクを運ぶ．

男性名詞−r の変化
単数主格が−r で終わる男性名詞の中には，r と格語尾の間に j が入るものがあります．
例：profésor → profésorja (生格／対格)，
profésorju (与格／前置格)

今までに出てきた単語のうち natákar, novínar, profésor, slovár がこのタイプです．
−r で終わっても j が入らない語もあります．Máribor (地名)がその例です．

例文：Tàm vídim profésorja Kósa．
そこにコス教授がいるのが見えます．
Nímam slovárja．
私は辞書を持っていません．
Stanújeva v Máriboru．
私たち二人はマリボルに住んでいます．

新出単語

Ánglija[女]	イギリス	vídeti	見える
govoríti	話す	hitéti	急ぐ
po anglésko	英語で	želéti	望む，～したい
mísliti	思う，考える	Máribor[男]	マリボル（地名）
da	（～だ）と	po slovénsko	スロヴェニア語で
po némško	ドイツ語で	po japónsko	日本語で
pa	で，一方，でも（口語）	zméraj	いつも
		včásih	時々
knjížnica[女]	図書館		

テキスト　図書館で

Tóne　―Žívjo! Káj délaš?
Mójca　―Píšem brátu písmo. Zdàj stanúje v Ángliji.
Tóne　―A govorí dôbro po anglésko?
Mójca　―Míslim, da já. Déla tàm kot zdravník. Govorí túdi
　　　　po némško. Káj délaš pa tí?
Tóne　―Nêsem profésorju Kósu referát.
　　　　A je òn túkaj v knjížnici?
Mójca　―Já. Tàm bêre revíjo.
Tóne　―Hvála. Adíjo!
Mójca　―Adíjo!

　スロヴェニアで一番大きい図書館は国民大学図書館NUK（Narodna in univerzitetna knjižnica）です．スロヴェニアを代表する建築家ヨージェ・プレチニクJože Plečnikによる設計の美しい建物で，150万冊を越える蔵書を誇っています．外観ばかりでなく内装も見事です．しかし，蔵書が増えるにつれ手狭になり，現在新しい建物を近くに建設中です．

> **訳**
> トーネ： やあ，何しているの？
> モイツァ：兄に手紙を書いているの．今イギリスに住んでいるのよ．
> トーネ： お兄さん，英語はうまいの？
> モイツァ：そう思うわ．向こうで医者をしているの．ドイツ語も話すのよ．あなたは何をしているの？
> トーネ： コス教授にレポートを持っていくとこ．先生この図書館にいる？
> モイツァ：ええ，あそこで雑誌を読んでる．見える？
> トーネ： ああ，ありがとう．じゃあね．
> モイツァ：またね．

練習問題（解答は 199 ページ）

1　vídeti, govoríti を現在人称変化させなさい．

2　次の語を単数与格に変えなさい．
　1) zvêzek　　　2) sôba
　3) písmo　　　4) Japónec
　5) čáj　　　　6) víno
　7) revíja　　　8) mléko
　9) tôrba　　　10) čàs

3　次の日本語をスロヴェニア語に訳しなさい．
　1) モイツァには辞書は必要ありません．
　2) 私たちは英語を話します．
　3) 彼らはドイツ語を話しません．
　4) 私たちの姉は今マリボルに住んでいます．
　5) コス教授が見えますか．
　6) トーネは妹に手紙を書いています．
　7) モイツァはコス教授に雑誌を運びます．
　8) 私たちにはモイツァが見えません．
　9) モイツァとトーネはドイツ語を話します．
　10) ウェイターはモイツァにワインを運びます．

第10課　10. LEKCIJA

動詞の現在人称変化　5
　不規則動詞　íti：行く

	単数	双数	複数
1	grém	gréva	grémo
2	gréš	grésta	gréste
3	gré	grésta	gréjo, gredó

　この動詞は，歩いて行くときにも，乗り物に乗って行くときも両方使えます。

単数造格
　造格は前置格と同様，必ず前置詞を伴って用いられます。意味は前置詞の意味をとります。

男性名詞	dežník_	→	dežníkom
女性名詞	prtljága	→	prtljágo
中性名詞	stanovánje	→	stanovánjem

◇男性名詞で単数主格が−j，−c，−č，−š，−ž で終わるものや−r で終わり，語尾の間に−j−を入れるものは単数造格で−em という語尾をとります。
　例：čáj　　　→　čájem
　　　Slovénec　→　Slovéncem
　　　profésor　→　profésorjem
◇中性名詞で単数主格が−o で終わるものは単数造格で−om という語尾をとります。
　例：písmo　→　písmom
　例文：Ponavádi grémo v sámopostréžbo z ávtom.
　　　　　私たちは普通スーパーマーケットへは車で行きます。

方向／場所を表す前置詞 v と na

「〜へ，〜に(行く)」という意味を表す時，前置詞 v か na を用い，対格をとります。本来，v は「〜の中へ」，na は「〜の上へ」という意味ですが，「中」や「上」という意味はほとんどなくなることがあります。どの名詞が v をとり，どの名詞が na をとるのかは名詞ごとに異なります。

例文：－Kám gréš?　　　　どこへ行くの？

　　　－Grém na univêrzo.　大学へ行くんだ。
　　　－Grém v bánko.　　　銀行へ行くんだ。

「〜で，〜に(いる)」という場所を示すときも，v と na が用いられ，この場合は前置格と結びつきます。方向を示すときと同様に，v と na の使い分けは名詞ごとに異なります。ただ，方向を表すときに v と結びつく名詞は場所を表すときも v と，方向を表すときに na と結びつく名詞は場所を表すときも na と結びつきます。

例文：－Kjé je zdàj Máša?　マーシャは今どこにいますか。

　　　－Ôna je na univêrzi.　大学にいます。
　　　－Ôna je v bánki.　　　銀行にいます。

町の中にあるもの－スロヴェニアのどんな町にも必ずありそうなものを挙げました。

cérkev	教会	párk	公園
gledalíšče	劇場	parkiríšče	駐車場
kinó	映画館	pósta	郵便局
muzéj	博物館	šóla	学校
knjížnica	図書館	trgovína	店

新出単語

kám	どこへ	péš	歩いて
íti	行く	lahkó	できる
na ＋対	～へ	skúpaj	一緒に
univêrza[女]	大学	do ＋生	～まで
v ＋対	～へ	postajalíšče[中]	停留所
bánka[女]	銀行	sevéda	もちろん
z ＋造	～で（手段）	vesêlje[中]	喜び
	（～と）共に	z vesêljem	喜んで
ávtobus[男]	バス	ponavádi	普段

テキスト　どこへ行くのですか？

Mójca in Tóne－Dóber dán, gospá Županèiè.
ga. Županèiè　－Dóber dán. Kám grésta?
Mójca　　　　－Gréva na univêrzo. Kám gréste pa ví?
ga. Županèiè　－Grém v bánko.
　　　　　　　　A grésta z ávtobusom?
Tóne　　　　 －Já.
ga. Županèiè　－Jàz pa grém péš. A lahkó grémo skúpaj do
　　　　　　　　postajalíšèa?
Mójca in Tóne－Sevéda, z vesêljem.

クロアチアとの国境に近いベーラ・クライナ Bela Krajina 地方の民謡を歌うコーラスグループ．独特の風習を今も残す．

— 43 —

> **訳**
>
> モイツァとトーネ：こんにちは，ジュパンチチさん．
> ジュパンチチ夫人：こんにちは．どこへ行くのですか？
> モイツァ：　　　　大学へ行きます．で，あなたはどちらへいらっしゃるんですか？
> ジュパンチチ夫人：銀行へ行くところです．お二人はバスでいらっしゃいますか？
> トーネ：　　　　　はい．
> ジュパンチチ夫人：私は歩いて行きます．一緒にバス停まで行きませんか？
> モイツァとトーネ：もちろん，よろこんで．

練習問題（解答は 199 ページ）

I　次の語を単数造格に変えなさい．

1) zvézek　　　　2) referát
3) univêrza　　　4) Slovénec
5) revíja　　　　6) víno
7) slovár　　　　8) mléko
9) čáj　　　　　10) postajalíšče

2　次の日本語をスロヴェニア語に訳しなさい．

1) わたしたちはよくバスでリュブリャーナへ行きます．
2) ジュパンチチ夫人は普通銀行へ歩いて行きます．
3) 彼らは大学へ行きません．
4) トーネはどこへ行きますか．
5) コス教授は今大学です．
6) モイツァとトーネは大学で医学を勉強しています．
7) 彼らはバスでマリボルへ行きます．
8) コス教授とお話しできますか．
9) 英語で話していいですか（話せますか）．
10) ミルクティーお願いします．

まとめと応用　2

規則動詞現在人称変化

第6課から第9課でスロヴェニア語の動詞の現在人称変化のうち規則的な変化4タイプがすべてでてきました．

		I型→L.6	II型→L.9	III型→L.7	IV型→L.8
例		délati	mísliti	nêsti	potrebováti
単数	1	dél-am	mísl-im	nês-em	potrebú-jem
	2	dél-aš	mísl-iš	nês-eš	potrebú-ješ
	3	dél-a	mísl-i	nês-e	potrebú-je
双数	1	dél-ava	mísl-iva	nês-eva	potrebú-jeva
	2	dél-ata	mísl-ita	nês-eta	potrebú-jeta
	3	dél-ata	mísl-ita	nês-eta	potrebú-jeta
複数	1	dél-amo	mísl-imo	nês-emo	potrebú-jemo
	2	dél-ate	mísl-ite	nês-ete	potrebú-jete
	3	dél-ajo	mísl-ijo (hit-é)	nês-ejo, nes-ó	potrebú-jejo

特殊な否定形

iméti は−a型の変化をしますが，特殊な否定形をもっています．→L.7

	単数	双数	複数
1	nímam	nímava	nímamo
2	nímaš	nímata	nímate
3	níma	nímata	nímajo

このような特殊な否定形をもつ動詞は他にあと二つあります．→まとめと応用3

それ以外の動詞の否定は，助詞 ne を動詞の前に添えます．

例文：Délajo v bánki.
　　　彼らは銀行で働いています．
　　　Nímamo čása.
　　　私たちには時間がありません．
　　　Míslim, da govorí Mójca po angléško.
　　　モイツァは英語が話せると思います．
　　　Káj nêse natákarica?
　　　ウェイトレスは何を運んでいるのだろう？
　　　Máša píše Mójci písmo.
　　　マーシャはモイツァに手紙を書いています．
　　　Ne potrebújem dežníka.
　　　私には傘は必要ありません．
　　　Pogósto tàm pôjemo.
　　　私たちはよくあそこで歌います．

疑問文のヴァリエーション

　選択疑問文は A 〜 ? で始める以外に Ali〜? と 〜? の2通りの方法があります．

　例文：A ste novínar?..現代のスロヴェニア語ではニュートラルです．
　　　Ali ste novínar?..文語的．話す時にはあまり用いられません．
　　　Ste novínar?.............口語ではよく用いられます．

書店のショーウィンドー．"Dobra knjiga nas bogati"「良書は私たちを豊かにしてくれる」

名詞の単数格変化

第6課から第10課で代表的な名詞の単数規則変化がすべてでてきました．

	男性名詞	中性名詞	女性名詞	
主	dežník _	stanovánj-e	prtljág-a	
生	dežník-a	stanovánj-a	prtljág-e	→L. 7
与	dežník-u	stanovánj-u	prtljág-i	→L. 9
対	dežník _ (活)brát-a	stanovánj-e	prtljág-o	→L. 6
前	dežník-u	stanovánj-u	prtljág-i	→L. 8
造	dežník-om Slovénc-em	stanovánj-em písm-om	prtljág-o	→L.10

◇男性名詞の単数主格で後ろから2番目に−e−のあるものは，語尾がつくと−e−が消えることがあります．→L. 8
◇男性名詞には活動体，不活動体の区別があります．活動体対格は生格と，不活動体対格は主格と常に形が同じになります．
◇男性名詞造格は語幹が−j，−c，−č，−š，−ž で終わっている場合，語尾−em をとります．
◇中性名詞造格は単数主格が−o で終わっている場合，語尾−om をとります．

否定の疑問

「〜しませんか？」という問いに対して，「はい」と答える時は Nè，「いいえ」と答える時は Já とします．

例文：Ne potrebújete dežníka?　傘は必要ありませんか？
　　　Nè.　　　　　　　　　　はい（必要ありません）．
　　　Já.　　　　　　　　　　いいえ（必要です）．

−j−による語幹の拡大

　男性名詞単数主格が−rでおわるものの中にはrと語尾の間に−j−が入るものがあります．　→ L. 9

主	slovár
生	slovár-j-a
与	slovár-j-u
対	slovár
	(活)natákar-j-a
前	slovár-j-u
造	slovár-j-em

表現

挨拶　　pozdràv

おはようございます．	Dóbro jútro.	(Žívjo／Zdrávo)
こんにちは．	Dóber dán.	(Žívjo／Zdrávo)
こんばんは．	Dóber večér.	(Žívjo／Zdrávo)
おやすみなさい．	Lahkó nóč.	(Adíjo)
さようなら．	Na svídenje.	(Adíjo)
よいご旅行を．	Sréčno pót.	
ようこそ．	Dòbrodôšli.	

　（　）の中は家族や友人など親しい人どうしで使います．別れるときにもŽívjoという人もいます．

職業名

učítelj／učíteljica　→L. 6
zdravník／zdravníca　→ L. 6

国名

イギリス	Ánglija	→L. 9	v Ángliji
日本	Japónska		na Japónskem
スロヴェニア	Slovénija		v Slovéniji

◇「〜で」という時，−ska, −škaで終わる国名は，前置詞naを取り，−skem, −škemとなります．

— 48 —

第11課　　11. LEKCIJA

動詞の現在人称変化　6

　不規則動詞　　bíti：ある，である

　既に部分的にはこの動詞の現在人称変化がでてきましたが，この課であらゆる人称と数をまとめておきます。

◇この動詞は特殊な否定形となります．

	単数	双数	複数
1	sem	sva	smo
2	si	sta	ste
3	je	sta	so

	単数	双数	複数
1	nísem	nísva	nísmo
2	nísi	nísta	níste
3	ní	nísta	níso

双数主格／対格

　双数は主格と対格が常に同じ形となります．

```
男性名詞  dežník_      →  dežníka
女性名詞  prtljága     →  prtljági
中性名詞  stanovánje   →  stanovánji
```

複数主格

```
男性名詞  dežník_      →  dežníki
女性名詞  prtljága     →  prtljáge
中性名詞  stanovánje   →  stanovánja
```

複数対格

　女性名詞と中性名詞は常に複数主格と同じ形です．男性名詞のみが複数主格形とは異なります．

```
男性名詞  dežník_      →  dežníke
```

例文： －A sta novínarja? お二人は記者ですか？
　　　－Nè, nísva novínarja. いいえ，記者ではありません．
　　　　　Učítelja sva. 私たち二人は教師です．

Mójca in Máša sta studêntki.
モイツァとマーシャは学生です．

V sôbi sta (dvé) ôkni. 部屋には窓が二つあります．

Tàm so računálniki. あそこにコンピュータがあります．

－Káj potrebúješ? 何が必要なの？
－Potrebújem slovárje. 辞書が（数冊）必要なんだ．

－A ste studêntke? あなたがたは学生ですか？
－Já, studêntke smo. はい，私たちは学生です．

－Vídiš tàm ôkna? あそこに窓が（いくつか）見える？
－Já. うん．

　スロヴェニア語には二つのものや二人の人を表す独特の形，双数形（または両数形）があります．この形は名詞，代名詞，形容詞，動詞に現れ，スロヴェニア語の持つ古風な特徴として知られています．標準語では規則的に用いられますが，口語では男性名詞以外で双数形は現れません．女性名詞の双数形は複数形によって置き換えられ，形容詞や動詞も複数形になります．また，中性名詞の場合は，形容詞とともに複数形によって置き換えられますが，動詞は複数形の場合と双数形の場合があり，どちらの形を用いるのかは，話し手の出身地によって異なると言われています．

新出単語

bíti	ある，である	ôkno[中]	窓
knjížen	本の	pisálen	書き物の
políca[女]	棚	míza[女]	机，テーブル
zgoščênka[女]	CD	jedílen	食事の
na lévi	左に	kúhinja[女]	台所
omára[女]	たんす	stòl[男]	椅子
pôstelja[女]	ベッド	šè	まだ，さらに
pri ＋前	〜のそばに，〜のところに	računálnik[男]	コンピュータ

──── テキスト　トーネの部屋 ────

Tô je mója sôba. Désno je knjížna políca. Tàm so knjíge in zgoščênke. Na lévi sta omára in pôstelja. Pri ôknu je pisálna míza. Jedílna míza je v kúhinji. Tàm so túdi stôli. Míslim, da je dôbra sôba. Potrebújem pa šè računálnik.

家の中－さまざまな部屋にさまざまな家具があります．

sôbe	部屋	pohíštvo	家具
dnévna sôba	居間	kávč	ソファ
kúhinja	台所	knjížna políca	本棚
spálnica	寝室	míza	テーブル
straníšče	トイレ	stòl	椅子
kopálnica	浴室	pečíca	オーヴン
		hladílnik	冷蔵庫
		pôstelja	ベッド

---訳---

　　これは僕の部屋です．右に本棚があります．そこには本とCDがあります．左にはたんすとベッドがあります．窓のそばには書き物机があります．ダイニングテーブルは台所です．そこには椅子もあります．いい部屋だと思います．でも，あとコンピュータが必要です．

練習問題（解答は200ページ）

1　次の語を双数主格に変えなさい．
　　1) póstelja　　　2) ôkno
　　3) slovár　　　　4) stòl
　　5) míza　　　　　6) Japónec
　　7) bánka　　　　8) knjíga
　　9) telefón　　　10) referát

2　次の語を複数主格に変えなさい．男性名詞は複数対格にも変えなさい．
　　1) natákar　　　2) ôkno
　　3) revíja　　　　4) stòl
　　5) políca　　　　6) zvézek
　　7) tórba　　　　8) slovár
　　9) kúhinja　　 10) postajalíšče

3　次の日本語をスロヴェニア語に訳しなさい．
　　1) 彼らは医者です．
　　2) 私たち二人は日本人です．
　　3) 彼女たちはスロヴェニア人ですか．
　　4) いいえ，スロヴェニア人ではありません．
　　5) モイツァとトーネはスロヴェニア人です．
　　6) 窓のそばにはベッドがあります．
　　7) ヨージェはコス教授にレポート（複数）をもっていきます．
　　8) 私たちにはノート（複数）が必要です．
　　9) 机の上にノート（複数）があります．
　　10) 彼ら二人は日本人ではありません．

第12課　12. LEKCIJA

動詞の現在人称変化 7

不規則動詞　védeti：知っている

	単数	双数	複数
1	vém	véva	vémo
2	véš	vésta	véste
3	vé	vésta	véjo／vedó

例文：Vém, da je Mójca studêntka.
　　　私はモイツァが学生だと知っています.
　　　Mogóče ne véjo, kjê stanújem.
　　　彼らは私がどこに住んでいるのか知らないでしょう.
　　　−A véste, káj je tó?　　これが何だかご存じですか？
　　　−Nè, ne vém.　　　　　いいえ, 知りません.

複数／双数生格

生格は複数と双数が常に同じ形となります.

```
男性名詞  dežník_     →  dežníkov
女性名詞  prtljága    →  prtljág_
中性名詞  stanovánje  →  stanovánj_
```

◇男性名詞のうち語幹が−jーで拡大するタイプや単数主格が−j, −c, −č, −š, −žで終わるものは, 複数及び双数の生格形が−ev という語尾をとります.
　例：slovár_ → slovárjev, stríc_ → strícev

出没母音の−e−

女性及び中性名詞の語尾の前が2以上の子音結合である場合, 複数／双数生格形で子音間に−e−が入ることがあります.
　例：sestríčna → sestríčen, ôkno → ôken

— 53 —

数詞と名詞の結びつき

男性

1	èn	dežník	単数主格
2	dvá	dežníka	双数主格
3	tríje	dežníki	複数主格
4	štírje	dežníki	複数主格
5	pét	dežníkov	複数生格

女性　　　　　　　　　中性

1	êna	prtljága	êno	stanovánje	単数主格
2	dvé	prtljági	dvé	stanovánji	双数主格
3	trí	prtljáge	trí	stanovánja	複数主格
4	štíri	prtljáge	štíri	stanovánja	複数主格
5	pét	prtljág	pét	stanovánj	複数生格

◇5以上は複数生格と結びつきます．

例文：Túkaj <u>je</u> èn dežník.
　　　Túkaj <u>sta</u> dvá dežníka.
　　　Túkaj <u>so</u> tríje dežníki.
　　　Túkaj <u>so</u> štírje dežníki.
　　　Túkaj <u>je</u> pét dežníkov.
　　　Túkaj <u>je</u> êna knjíga／êno stanovánje.
　　　Túkaj <u>sta</u> dvé knjígi／stanovánji.
　　　Túkaj <u>so</u> trí knjíge／stanovánja.
　　　Túkaj <u>je</u> pét knjíg／stanovánj.

下線の動詞の形に注目して下さい．複数生格をとる5以上の数詞は単数形の動詞と結びつきます．

複数形名詞

　stárši 両親　は複数形しかない男性名詞です．この本では新出単語や巻末の索引に［男複］，［女複］，［中複］として提示してあります．

— 54 —

新出単語

odkód	どこから	kóliko	いくつ, いくら
iz[前]+生	～から	brátranec[男]	従兄弟
soródnik[男]	親戚	sestríčna[女]	従姉妹
rázen[前]+生	(～の)他に	tóčno	正確に
stárši[男複]	両親	védeti	知っている
živéti	暮らす, 生きる	okóli	大体
pét	5	dvájset	20
stríc[男]	伯父, 叔父		

--- **テキスト　ヨージェの親戚** ---

Mójca　－Odkód si, Jóže?
Jóže 　－Iz Máribora sem.
Mójca　－A imáš tàm soródnike?
Jóže 　－Já. Rázen stáršev živí tàm pét strícev.
Mójca　－Kóliko bratráncev in sestríčen imáš?
Jóže 　－Tóčno ne vém. Okóli dvájset.

マリボル Maribor のレント Lent と呼ばれる区域は散歩に最適. ドラーヴァ川 Drava を見ながら歩いていると, 樹齢 400 年というヨーロッパ最古のブドウの木に出会う. 今でも実をつけ, ワインができる.

> **訳**
> モイツァ：ヨージェ，あなたの出身はどこ？
> ヨージェ：マリボルから来たんだ．
> モイツァ：そちらには親戚がいるの？
> ヨージェ：うん，両親の他にも伯父が五人いるよ．
> モイツァ：いとこは何人？
> ヨージェ：正確にはわからないんだ．大体二十人かな．

練習問題（解答は 200 ページ）

1 次の語を複数／双数生格に変えなさい．
　1）zvêzek　　　2）ôkno
　3）učítelj　　　4）stðl
　5）míza　　　　6）Slovénec
　7）sêstra　　　8）knjíga
　9）zdravník　　10）postajalíšče

2 次の日本語をスロヴェニア語に訳しなさい．
　1）私たちには従兄弟が何人いるのか正確には知りません．
　2）両親はリュブリャーナで暮らしています．
　3）あなたには親戚は何人いますか．
　4）部屋のなかにはいすが二十脚あります．
　5）彼ら二人はリュブリャーナ出身です．
　6）私はヨージェがマリボル出身だと知っています．
　7）ここにはスロヴェニア人が何人いますか．
　8）彼らには従姉妹が五人います．
　9）ご出身はどちらですか．
　10）私はノートを五冊もっています．

第13課　　13．LEKCIJA

過去時制

　動詞の過去はl分詞とbíti現在の組み合わせによって作ります．l分詞は主語の性と数に応じた形を持っています．男性単数のl分詞は原則として不定法-tiを取って-lをつけます．例：délati → délal

		男性	女性	中性
単数	1	sem délal_	sem délal<u>a</u>	(sem délal<u>o</u>)
	2	si délal_	si délal<u>a</u>	(si délal<u>o</u>)
	3	je délal_	je délal<u>a</u>	je délal<u>o</u>
双数	1	sva délal<u>a</u>	sva délal<u>i</u>	(sva délal<u>i</u>)
	2	sta délal<u>a</u>	sta délal<u>i</u>	(sta délal<u>i</u>)
	3	sta délal<u>a</u>	sta délal<u>i</u>	sta délal<u>i</u>
複数	1	smo délal<u>i</u>	smo délal<u>e</u>	(smo délal<u>a</u>)
	2	ste délal<u>i</u>	ste délal<u>e</u>	(ste délal<u>a</u>)
	3	so délal<u>i</u>	so délal<u>e</u>	so délal<u>a</u>

◇（　）は中性の1人称・2人称が主語の場合の形なので，実際には滅多に出てきません．

　例文：−Káj si délal zvečér?　夕方何をしていたの？
　　　　−Brál sem revíjo.　　　雑誌を読んでいたんだ．

◇bítiの現在は文の始めから2番目の位置にきます．
　　　　Ône so délale v bánki.　彼女たちは銀行で働いていました．
　　　　Délale so v bánki.

双数造格

男性名詞	dežník	→	dežníkoma
女性名詞	prtljága	→	prtljágama
中性名詞	stanovánje	→	stanovánjema

◇男性名詞で単数主格が−j, −c, −č, −š, −ž で終わるものや，語幹が −j− によって拡大するものは双数造格で−ema という語尾をとります．
  例：profésor → profésorjema
　　 Slovénec → Slovéncema
◇中性名詞で単数主格が−o で終わるものは，双数造格で−oma という語尾をとります．
  例：písmo → písmoma

複数造格

男性名詞	dežník	→	dežníki
女性名詞	prtljága	→	prtljágami
中性名詞	stanovánje	→	stanovánji

前置詞 s と z

　これら二つの前置詞はともに造格をとり「〜で（手段）」「〜とともに」という全く同じ意味ですが，次に母音字か有声子音字がくるときは z と，無声子音字がくるときは s と書きます．
  例：z ávtobusom, z Mójco
　　　s prijátelji

新出単語

zjútraj	朝	kupíti	買う
posláti	送る	darílo[中]	贈り物, プレゼント
dopóldne	午前中	trgovína[女]	店
potém	そのあと	trgovína s／z+造	～屋
kosíti	昼食をとる	igráča[女]	おもちゃ
s[前]+造	～と共に	zvečér	夕方
	～で（手段）	hotéti	～したい, 欲しい
prijáteljica[女]	友人	koncêrt[男]	コンサート
popóldne	午後に	prijátelj[男]	友人

テキスト　ヨージェの１日

Zjútraj je Jóže poslál písmo v Máribor. Dopóldne je študíral na univêrzi, potém je kósil s prijáteljicama — z Mójco in Mášo. Popóldne je kúpil brátu darílo v trgovíni z igráčami. Zvečér je hôtel íti na koncêrt s prijátelji, pa je imél referát. Jóže je bíl zaposlèn.

時の表現―「来年」以外はすべて副詞です.

朝	zjútraj	きのう	včéraj
午前	dopóldne	今日	dánes
午後	popóldne	明日	jútri
夜	zvečér	去年	láni
深夜	ponôči	今年	létos
昨夜	sinôči	来年	prihódnje léto

訳

　朝，ヨージェはマリボルへ手紙を送りました．午前中は大学で勉強し，そのあと二人の友人－モイツァとマーシャーと一緒にお昼を食べました．午後はおもちゃ屋さんで弟にプレゼントを買いました．夕方友人とコンサートに行きたかったのですが，レポートがありました．ヨージェは忙しかったのです．

練習問題（解答は 200 ページ）

1　次の語を双数造格および複数造格に変えなさい．
- 1) darílo
- 2) písmo
- 3) míza
- 4) stòl
- 5) učítelj
- 6) zvézek
- 7) brátranec
- 8) sestríčna
- 9) soródnik
- 10) postajalíšče

2　次の日本語をスロヴェニア語に訳しなさい．
- 1) モイツァは友人二人と大学へ行きました．
- 2) 午後私たちは大学で勉強していました．
- 3) ヨージェ，午前中どこにいたの．
- 4) 私たち二人はおもちゃやさんにいました．
- 5) スーパーマーケットで何を買いましたか．
- 6) 彼らは忙しかった．
- 7) 夕方何をなさっていたのですか．
- 8) ヨージェとマーシャはマリボルに住んでいました．
- 9) 私は雑誌を読みたかったのです．
- 10) 午後モイツァとトーネは教授たちと一緒に大学にいました．

第14課　　14. LEKCIJA

完了体と不完了体
　スロヴェニア語の動詞は原則として完了体か不完了体のどちらかのグループに属しています．完了体は動作の完了した瞬間や結果に重点を置いているのに対して，不完了体はそれらを問題とせず，動作のプロセスを表します．12課までに出てきた動詞は全て不完了体でした．13課の新出単語の動詞のうち，動詞 poslátiと kupíti は完了体です．
　　例文：Cél dán sem pisál referát.　　　＜pisáti　不完了体
　　　　　僕は一日中レポートを書いていた．
　　　　　Včéraj sem napísal referát.　　　＜napísati　完了体
　　　　　きのう僕はレポートを書き上げた．

　　　　　Pogósto pošíljam brátu písma.　＜pošíljati　不完了体
　　　　　私は兄によく手紙を送ります．
　　　　　Dánes pôšljem brátu písmo.　　＜posláti　完了体
　　　　　今日兄に手紙を送ろう．

過去時制の否定文
　過去時制の否定文は動詞 bíti の現在の部分を否定形にします．
　　例文：Brála sem knjígo.　　私は本を読んでいました．
　　　　→ Nísem brála knjíge.　私は本を読んでいませんでした．

存在の否定
　「～がない」，「～がいない」という意味の文を作るときは，「～が」にあたる部分（存在しない物や人）を生格にし，動詞は bíti の3人称単数（中性）にします．
　　例文：V sôbi ní Mójce.　　　部屋にモイツァはいません．
　　　　　V sôbi ní bilô Mójce.　部屋にモイツァはいませんでした．

— 61 —

人称代名詞の生格と対格

		1人称	2人称	3人称 男性, 中性　　女性
単数	生格	mêne／me	têbe／te	njêga／ga　　　njé／je
	対格	mêne／me	têbe／te	njêga／ga,　　　njó／jo, −nj（男），−nje（中）−njo
双数	生格	náju	váju	3性共通 njíju／ju, jih
	対格	náju	váju	njíju／ju,−nju, jih
複数	生格	nàs	vàs	njìh／jih
	対格	nàs	vàs	njìh, njè／jih,−nje

◇／の前は長形，後は短形といいます．長形は強調や対比を表すときに用います．
短形は逆に，強調や対比をする必要のないときに用い，文頭にくることはありません．
　例文：−A si me poklícal včéraj？　昨日僕に電話した？
　　　　−Já, poklícal sem te.　　うん，電話した．

　　　　Têbe ní biló domá ponôči.　君は夜中家にいなかった．

◇前置詞とともに用いるとき，一語にすることがあります．この時アクセントは前置詞に来ます．そして前置詞vはváとなります．
　例：náme, náte, nánj...　záme, záte, zánj...；
　　　váme, váte, vánj...
　−njなどハイフンのついている形も前置詞とともに一語にして用います．
　oprósti は第4課の oprostíte と同じく「すみません」，「ごめんなさい」という意味ですが，家族や友人など親しい人に対して使う形です．

新出単語

včéraj	昨日	dán	日
nékajkrat	何度か	cél dán	一日中
poklícati[完]	呼ぶ，電話する	žé	もう，既に
ãmpak	しかし，でも	napísati[完]	書き上げる
domá	家で，家に	prãv	ちょうど
rés	本当	kasnéje	後で
oprósti	ごめんなさい，すみません	veljá（口語）	OK
		pošíljati[不完]	送る
cél	全体の	ponôči	夜に，夜中に

――― テキスト　電話（マーシャとトーネ）―――

Máša　－Prósim.
Tóne　－Halô, Tóne pri telefónu.
Máša　－Žívjo, Tóne!
Tóne　－Včéraj sem te nékajkrat poklícal, ãmpak têbe ní bilô domá.
Máša　－Rés? Oprósti. Cél dán sem pisála referát v knjížnici.
Tóne　－A si ga žé napísala?
Máša　－Šȅ nísem. Prãv zdàj ga píšem. A me lahkó poklíčeš kasnéje?
Tóne　－Veljá. Adíjo!
Máša　－Adíjo!

訳

マーシャ：はい．
トーネ：　もしもし，トーネです．
マーシャ：こんにちは，トーネ！
トーネ：　昨日何度か電話したんだけどいなかったね．
マーシャ：そう？ごめんなさい．一日中図書館でレポートを書いていたのよ．
トーネ：　もう書き終わった？
マーシャ：まだなの．ちょうど今書いているところ．あとで電話してくれる？
トーネ：　OK．じゃあね！
マーシャ：またね！

練習問題（解答は201ページ）

1　下線部を人称代名詞に変えなさい．
　1）Vídiš tàm <u>Mášo in Mójco</u>？
　2）Včéraj sem brála <u>knjígo</u>．
　3）Zdàj ne píšem <u>písma</u>．
　4）<u>Profésorja Kósa</u> ní biló túkaj．

2　次の日本語をスロヴェニア語に訳しなさい．
　1）私はコス教授に電話したが，彼は家にいなかった．
　2）モイツァは傘が必要だったが，それを持っていなかった．
　3）昨日ヨージェはマーシャに電話したが，彼女は家にいなかった．
　4）私たち二人は大学で医学は勉強しませんでした．
　5）私たちはトーネがどこに住んでいるのか知りませんでした．
　6）あとでお電話していただけますか．
　7）モイツァとマーシャは部屋にいません．
　8）私はバスで大学へ行きたくありませんでした．
　9）トーネは午前中雑誌を読んでいたが，午後はそれを読んではいなかった．
　10）僕は夜レポートを書き上げました．

第15課　　15．LEKCIJA

命令法

　命令法は，現在語幹から作られます。単数2人称，双数1人称・2人称，複数1人称・2人称に対する形があります。1人称に対する命令は「～しましょう」という意味です。
　現在3人称単数が－aで終わるタイプと－jeで終わるタイプ　→j型

	単数	双数	複数
1		vprášajva	vprášajmo
2	vprášaj	vprášajta	vprášajte

現在3人称単数が－eで終わるタイプと－iで終わるタイプ　→i型

	単数	双数	複数
1		napíšiva	napíšimo
2	napíši	napíšita	napíšite

　例文：Vprášajmo ga！　　＜vprášati：現3単　vpráša
　　　　彼に聞きましょう。
　　　　Pôjmo！　　　　　＜pêti：現3単　pôje
　　　　歌いましょう。
　　　　Prídi！　　　　　　＜príti：現3単　príde
　　　　来て。
　　　　Kupí mi tô！　　　＜kupíti：：現3単　kúpi
　　　　それ買って。

◇命令法にprósimをつけると，少し丁寧な感じになります。
　　例文：Napíši mi, prósim！　　　　どうぞ（手紙を）書いてね。

再帰動詞

　sêbe 自分自身　の対格短形 se を伴った動詞を再帰動詞と呼びます．se は文頭から 2 番目の位置に置かれます．
　　例文：Imenújem se Tóne.　　　トーネといいます．
　　　　　Jàz se imenújem Tóne.　私はトーネといいます．

　過去時制の場合，主語が 3 人称単数のばあいは se が 2 番目，bíti 現在が 3 番目に，それ以外の人称と数では，bíti 現在が 2 番目，se が 3 番目に置かれます．　→ p.170
　　例文：Preselíl sem se.　　　　僕は引っ越した．
　　　　　Včéraj so se preselíli.　昨日彼らは引っ越した．
　　　　　Nísmo se preselíli.　　　私たちは引っ越さなかった．
　　　　　Preselíl se je.　　　　　彼は引っ越した．
　　　　　Tóne se je preselíl.　　 トーネは引っ越した．
　　　　　Máša se ní preselíla.　 マーシャは引っ越さなかった．

人称代名詞の与格

人称	1 人称	2 人称	3 人称　男性, 中性　　　女性
単数	mêni／mi	têbi／ti	njêmu／mu　　njéj,／ji
			3 性共通
双数	náma	váma	njíma／jima
複数	nàm	vàm	njìm／jim

◇／の左側が長形，右側が短形です．短形は文頭にきません．
　　例文：Mêni je všéč Ljubljána.
　　　　　Ljubljána mi je všéč.
　　　　　リュブリャーナは気に入っています．

— 66 —

新出単語

dôlgo	長く	naslòv[男]	住所
začéti se[完]	始まる	prijázen	親切な
počítnice[女複]	休暇, 休み	fànt[男]	少年, 男の子
preselíti se[完]	引っ越す	imenováti se[不完]	
všéč	気に入る		～という名だ
zelô	とても, 非常に	pisáti se[不完]	
príti[完]	来る		～という名字だ
k[前]+与	(～の)方へ	ko	(～の)時に
		vprášati[完]+対	質問する, 尋ねる
		sám	自分で

—— テキスト　マーシャの引越 ——

Mójca　—Žívjo, Máša!
　　　　　Nísem te dôlgo vídela.
Máša　—Žívjo! Ko so se začéle počítnice, sem se preselíla.
Mójca　—A ti je všéč nôvo stanovánje?
Máša　—Já, zelô. Prídi k mêni!
Mójca　—Z vesêljem. Napíši mi, prósim, naslòv.
Máša　—Já...Izvôli. Blízu stanúje prijázen fànt.
Mójca　—Kakô se imenúje in kakô se píše?
　　　　　Káj dêla?
Máša　—Ko prídeš, ga vprášaj sáma!

訳

モイツァ：こんにちは，マーシャ！久しぶりね．
マーシャ：こんにちは！お休みが始まったときに引っ越したの．
モイツァ：新しいおうちは気に入ってる？
マーシャ：うん，とっても．うちに来てね！
モイツァ：喜んで．住所を書いてちょうだい．
マーシャ：ええ…どうぞ．近くに感じのいい男の子が住んでいるのよ．
モイツァ：何て名前で何て名字？何してる人？
マーシャ：うちに来たら，自分でおききなさい．

練習問題（解答は201ページ）

1　次に示す動詞を前のページの表にならって，命令法にしなさい．
　1) študírati　　　2) bráti
　3) nêsti　　　　4) govoríti
　5) kupíti　　　　6) poklícati
　7) napísati　　　8) ne délati
　9) príti　　　　10) vprášati

2　次の日本語をスロヴェニア語に訳しなさい．
　1) どうぞうちに来てください．
　2) 私たちはリュブリャーナが気に入っています．
　3) 昨日彼女たちは引っ越しました．
　4) 僕にミルク買って．
　5) 自分で彼女にききなさい．
　6) あとで電話してね．
　7) 君，なんて名前．
　8) 僕はトーネっていうんだ．
　9) わたしの名字はジュパンチチです．
　10) 休暇は既に始まりました．

まとめと応用　3

不規則動詞現在人称変化

スロヴェニア語の不規則動詞現在は全部で5つです．

		íti →L.10	bíti →L.11	védeti →L.12	jésti →L.19	dáti →L.19
単	1	grém	sem	vém	jém	dám
	2	gréš	si	véš	jéš	dáš
数	3	gré	je	vé	jé	dá
双	1	gréva	sva	véva	jéva	dáva
	2	grésta	sta	vésta	jésta	dásta
数	3	grésta	sta	vésta	jésta	dásta
	1	grémo	smo	vémo	jémo	dámo
複	2	gréste	ste	véste	jéste	dáste
数	3	gréjo, gredó	so	véjo, vedó	jéjo, jedó	dájo, dadó

◇ jésti 食べると dáti 与えるは19課で出てきます．

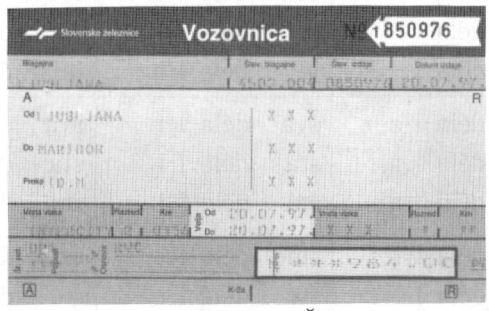

電車の切符 vozovnica. 裏には，Želimo vam prijetno potovanje.「快適なご旅行を．」

特殊な否定形

現在時制で特殊な否定形を持っている動詞は全部で3つあります．まとめと応用2でそのうちの1つ，iméti の否定形がでてきました．ここでは残りの2つ，bíti → L.11 と hotéti → L.13 を挙げます．

hotéti は3人称単数がーeで終わるタイプで，hóčem, hóčeš...という現在人称変化をします．

bíti

	単数	双数	複数
1	nísem	nísva	nísmo
2	nísi	nísta	níste
3	ní	nísta	níso

hotéti

	単数	双数	複数
1	nóčem	nóčeva	nóčemo
2	nóčeš	nóčeta	nóčete
3	nóče	nóčeta	nóčejo

過去時制　→ L.14

		男性	女性	中性
単	1	sem déla-l	sem déla-l-a	sem déla-l-o
	2	si déla-l	si déla-l-a	si déla-l-o
数	3	je déla-l	je déla-l-a	je déla-l-o
双	1	sva déla-l-a	sva déla-l-i	sva déla-l-i
	2	sta déla-l-a	sta déla-l-i	sta déla-l-i
数	3	sta déla-l-a	sta déla-l-i	sta déla-l-i
複	1	smo déla-l-i	smo déla-l-e	smo déla-l-a
	2	ste déla-l-i	ste déla-l-e	ste déla-l-a
数	3	so déla-l-i	so déla-l-e	so déla-l-a

命令法 → L.15

現在3人称単数 −a, −je → j型

	単数	双数	複数
1		vprášajva	vprášajmo
2	vprášaj	vprášajta	vprášajte

現在3人称単数 −e, −i → i型

	単数	双数	複数
1		napíšiva	napíšimo
2	napíši	napíšita	napíšite

数詞と名詞の結びつき → L.12

	男性	女性／中性	
1	èn	êna／êno	単数主格
2	dvá	dvé	双数主格
3	tríje	trí	複数主格
4	štírje	štíri	複数主格
5	pét	pét	複数生格

◇5以上は複数生格と結びつきます.
◇kóliko いくつ, いくらは数えられる名詞の時は複数生格と, 数えられない名詞の時は単数生格と結びつきます.
　例文：Kóliko je biló študêntov v rázredu？
　　　　教室に学生は何人いましたか？
　　　　Kóliko je biló vôde v kopalíščuʔ
　　　　プールに水はどのくらい入っていましたか？

数詞 6 〜 29

6	šést	14	štírinajst	22	dváindvájset
7	sédem	15	pétnajst	23	tríindvájset
8	ósem	16	šéstnajst	24	štíriindvájset
9	devét	17	sédemnajst	25	pétindvájset
10	desét	18	ósemnajst	26	šéstindvájset
11	enájst	19	devétnajst	27	sédemindvájset
12	dvánajst	20	dvájset	28	ósemindvájset
13	trínajst	21	ênaindvájset	29	devétindvájset

人称代名詞与格を用いた表現

Imé 与 je 〜.　　…の名前は〜です．
Všéč 与 je 〜.　　…は〜が気に入っています．
Vseêno 与 je.　　…にはどちらでもいいことです．

例文：Imé mu je Tóne.　彼の名前はトーネといいます．

　　　Máši je všéč tá sók.
　　　マーシャはこのジュースが気に入っています．
　　　Všéč ji je tá sók.
　　　彼女はこのジュースが気に入っています．

　　　—Želíte kávo àli čáj？
　　　　コーヒーと紅茶，どちらになさいますか？
　　　—Vseêno mi je.　　どちらでもいいです．
　　　—Mêni je vseêno.　わたしはどちらでもいいです．

◇このように短形と長形を用いたときでは語順が異なります．→ p. 170
◇àli：あるいは，または

第16課　16. LEKCIJA

未来時制

bíti の未来時制は以下のように，主語の人称と数によって変化します．

	単数	双数	複数
1	bóm	bóva	bómo
2	bóš	bósta	bóste
3	bó	bósta	bódo

例文：Jútri bóm domá.　明日私は家にいます．
　　　Míslim, da bó jútri lép dán.
　　　明日はいい天気になると思います．

それ以外の動詞の未来時制はすべて，bíti の未来変化と l 分詞を組み合わせます．

délati

		男性		女性		中性	
単	1	bóm	délal	bóm	délala	bóm	délalo
	2	bóš	délal	bóš	délala	bóš	délalo
数	3	bó	délal	bó	délala	bó	délalo
双	1	bóva	délala	bóva	délali	bóva	délali
	2	bósta	délala	bósta	délali	bósta	délali
数	3	bósta	délala	bósta	délali	bósta	délali
複	1	bómo	délali	bómo	délale	bómo	délala
	2	bóste	délali	bóste	délale	bóste	délala
数	3	bódo	délali	bódo	délale	bódo	délala

例文：Jútri bómo iméli izpíte.
　　　明日私たちは試験があります．
　　　Mogóče me bódo poklícali.
　　　私に電話があるかもしれない．

◇前ページの例文のように完了体動詞からも未来時制の形を作ることができます。
　完了体は現在形のように人称変化させて、話し手や書き手が予定している行為を表すこともあります。
　例文：Jútri napíšem referát.　明日はレポートを書いてしまおう。

未来時制の否定文
　未来時制の否定文は bíti の未来変化の前に ne を添えて作ります。
　例文：Ne bôdo iméli izpítov.
　　　　彼らには試験はないことでしょう。

複数／双数前置格
　前置格は複数と双数が常に同じ形となります。

男性名詞	dežník	→	dežník<u>ih</u>
女性名詞	prtljág<u>a</u>	→	prtljág<u>ah</u>
中性名詞	stanovánj<u>e</u>	→	stanovánj<u>ih</u>

　例文：Včéraj smo govoríli o hotélih na Dúnaju.
　　　　昨日私たちはウィーンのホテルについて話しました。
　　　　Zdàj stanújem pri têtah.
　　　　今は伯母たちのところに住んでいます。

色彩 bárve			
béla	白	róžnata	ピンク
čŕna	黒	ruména	黄色
módra	青	síva	灰色
oránžna	オレンジ色	vijolíčasta	紫
rdéča	赤	zeléna	緑
rjáva	茶色		

新出単語

odločíti se[完]	決める	Celóvec[男]	クラーゲンフルト
pred ＋造	(〜の)前に	Dúnaj[男]	ウィーン
izpít[男]	試験	hotél[男]	ホテル
skrbéti[不完]	心配する	na prímer	例えば
úpati[不完]	希望する	têta[女]	伯母，叔母
končáti[完]	終える	jútri	明日
uspéh[男]	成功	lép	美しい，きれいな
potováti[不完]	旅行する	o ＋前	(〜に)ついて

テキスト　休暇の予定

ga. Župánčič　—A ste se žé odločíli, káj bóste délali v počítnicah?

Mójca　—Šè ne. Pred počítnicami bómo iméli izpíte.

ga. Župánčič　—Ne skrbíte! Úpam, da jih bóste končáli z uspéhom.

Mójca　—Pa ví? Káj bóste délali?

ga. Župánčič　—Potovála bóm v Celóvec in na Dúnaj.

Mójca　—A bóste stanováli v hotélih?

ga. Župánčič　—Nè, pri soródnikih. Na prímer na Dúnaju bóm stanovála pri têti.

Mójca　—To je dôbro. Sréčno pót!

訳

ジュパンチチ夫人：休み中に何をするか，もう決めましたか？
モイツァ：　　　　いいえ，まだ．休みの前に試験があるんです．
ジュパンチチ夫人：心配しないで！　きっとうまくいきますよ．
モイツァ：　　　　で，あなたは？何をなさるおつもりですか？
ジュパンチチ夫人：クラーゲンフルトとウィーンへ旅行します．
モイツァ：　　　　ホテルに泊まるんですか？
ジュパンチチ夫人：いいえ，親戚のところに．例えば，ウィーンでは伯母のところに泊まるつもりなんです．
モイツァ：　　　　いいですね．よいご旅行を！

練習問題（解答は203ページ）

1　次の語を複数／双数前置格に変えなさい．
　1）izpít　　　2）têta
　3）zvézek　　4）ôkno
　5）novínar　 6）míza
　7）darílo　　 8）stríc
　9）stòl　　　10）kúhinja

2　次の日本語をスロヴェニア語に訳しなさい．
　1）明日トーネとモイツァは大学にいるでしょう．
　2）明日の夕方は何をしますか．
　3）ウィーンではコス教授はホテルに泊まることでしょう．
　4）私は伯母たちのところに泊まることでしょう．
　5）ヨージェは彼に電話するだろうか．
　6）午後，モイツァは手紙を書き上げることでしょう．
　7）あなたがたは成功すると思います．
　8）窓（複数）のそばにはモイツァ，マーシャ，トーネ，ヨージェがいました．
　9）休み中にトーネはマリボルへ旅行することでしょう．
　10）午前中モイツァは忙しいことでしょう．

第17課　17. LEKCIJA

双数与格

男性名詞	dežník	→	dežníkoma
女性名詞	prtljága	→	prtljágama
中性名詞	stanovánje	→	stanovánjema

◇男性名詞で−j, −c, −č, −š, −ž で終わるものや語幹が−j−によって拡大するものは双数与格で−ema という語尾をとります．
　例：Slovénec　→　Slovéncema
　　　profésor　→　profésorjema
◇中性名詞で単数主格が−o で終わるものは双数与格で−oma という語尾をとります．
　例：písmo　→　písmoma

複数与格

男性名詞	dežník	→	dežníkom
女性名詞	prtljága	→	prtljágam
中性名詞	stanovánje	→	stanovánjem

◇男性名詞で−j, −c, −č, −š, −ž で終わるものや語幹が−j−によって拡大するものは複数与格で−em という語尾をとります．
　例：Slovénec　→　Slovéncem
　　　profésor　→　profésorjem
◇中性名詞で単数主格が−o で終わるものは複数与格で−om という語尾をとります．
　例：písmo　→　písmom

　例文：Pomágamo prijáteljem.　　私たちは友人たちを助けます．

人称代名詞造格

	1人称	2人称	3人称 男性, 中性 女性
単数	máno, menój	tábo, tebój	njím njó
			3性共通
双数	náma	váma	njíma
複数	námi	vámi	njími

例文：Mójca je bilá včéraj z máno.
モイツァは昨日私と一緒でした．
Bíl sem z njími ob mórju.
僕は彼らと海辺にいました．

手紙の書き方1（親しい間柄で）

　友人など親しい人へ宛てた手紙を書く場合，書き出しは，男性宛なら Drági ～，女性宛なら Drága ～，となり，～の部分に名前を入れます．書き終わりは，Lép pozdràv，の後に差出人の名前を書きます．

港町ピラン Piran の海水浴場．

新出単語

drág	親愛なる	plávati[不完]	泳ぐ
téden[男]	週	sprehájati se[不完]	散歩する
ob ＋前	(〜の)そばに	po ＋前	(〜の) 後で
mórje[中]	海	kosílo[中]	昼食
hčérka[女]	娘	glédati[不完]	見る
vsák	それぞれの	televizíja[女]	テレビ
pomágati[不完・完]＋与	手伝う	sproščèn	リラックスする
		prežívljati [不完]	過ごす
nalóga[女]	課題		

―― テキスト　手紙（トーネへ）――

Drági Tóne,

žé èn téden sem ob mórju in stanújem pri strícu. Stríc imá dvé hčérki. Vsák dán pomágam dopóldne sestríčnama pri nalógah, potém se z njíma sprehájam in plávam. Po kosílu bêrem knjígo in píšem prijáteljem. Zvečêr grémo na koncêrt àli glédamo televizíjo. Zeló sem sproščêna.

Kakó tí prežívljaš počítnice?

Lép pozdràv,

Mójca.

―― 頻度の副詞 ――

いつでも	védno, zméraj	時々	včásih
普段，大抵	ponavádi	まれに	málokdàj
よく，しばしば	pogósto	一度もない	nikóli

◇このうち nikóli は必ず否定文の中で現れます．

訳

トーネへ．

　海辺にきてもう一週間になります．そしておじのところに泊まっています．おじには娘が二人います．毎日午前中は従姉妹たちの宿題の手伝いをして，それからこの二人と散歩に行ったり泳いだりしています．お昼のあとは本を読んだり友達に手紙を書いています．夜はみんなでコンサートに行ったりテレビを見ています．とてものんびりしています．

　あなたはどんな風に休暇を過ごしていますか？

　　　　　　　　　　　　　　　　　　　　モイツァより．

練習問題（解答は 203 ページ）

1　次の語を双数与格と複数与格に変えなさい．
- 1）nalóga
- 2）stríc
- 3）sôba
- 4）slovár
- 5）míza
- 6）referát
- 7）hotél
- 8）izpít
- 9）stòl
- 10）mórje

2　次の日本語をスロヴェニア語に訳しなさい．
- 1）私は彼女らと一緒に大学へ行くところです．
- 2）モイツァはよく友人たちを手伝います．
- 3）明日私は姉たち二人に手紙を書いてしまいます．
- 4）ヨージェは長い間彼女と話していました．
- 5）私たちは伯母たちに手紙を送りました．
- 6）マーシャは彼ら二人と散歩しています．
- 7）私たちを助けてください．
- 8）今私は彼と海辺にいます．
- 9）私は毎日彼女らと泳ぎます．
- 10）モイツァはリュブリャーナが気に入っています．

— 80 —

第18課　18. LEKCIJA

形容詞単数変化

	男性	中性	女性
主	nôv	nôvo	nôva
生	nôvega		nôve
与	nôvemu		nôvi
対（不活）	nôv	nôvo	nôvo
（活）	nôvega		
前	nôvem		nôvi
造	nôvim		nôvo

◇所有代名詞も形容詞と同じ語尾を取ります．

　例文：Stanújemo v nôvem stanovánju.
　　　　私たちは新しいアパートに住んでいます．
　　　　Máša imá nôvo tórbo.
　　　　マーシャは新しいバッグをもっています．
　　　　Šè nímam svójega računálnika.
　　　　まだ自分のコンピュータをもっていません．

限定形と非限定形

　男性単数主格形には nôv 以外に nôvi という，-i のつく形もあります．前者を非限定形，後者を限定形といいます．限定形は以下の場合に用います．

1．前の文で既に出てきた名詞を修飾する時．
　例文：Imám dvá dežníka. Čŕni je domá, rdéči je pa na univêrzi.
　　　　私は傘を2本持っています．黒い方は家に，赤い方は大学にあります．
2．ある名詞を修飾することによって，全体で特殊な意味になる時．
　例：stári ôče　祖父, jedílni líst　メニュー
3．指示代名詞とともに用いられる時．
　例：tá nôvi dežník　その新しい傘．

◇所有形容詞（−ov, −ev, −in で終わる → 24 課）には限定形がありません。

◇−ski, −ški, −ji, −nji で終わる形容詞には非限定形がありません。

語幹が−t−によって拡大する男性名詞変化

ôče は次のような変化をします．

	単数	双数	複数
主	ôče	očéta	očétje, očéti
生	očéta	očétov	očétov
与	očétu	očétoma	očétom
対	očéta	očéta	očéte
前	očétu	očétih	očétih
造	očétom	očétoma	očéti

◇このように変化する名詞には，人名の Tóne, Jóže などが挙げられます．
例文： Píšem očétu písmo.　私は父に手紙を書いています．
　　　 Tóneta ní túkaj.　トーネはここにいません．
　　　 Pogósto grém z Jóžetom na kopalíšče.
　　　 ヨージェとよくプールへ行きます．

特殊な命令法

poglédati 見るの命令法は，poglêj となります．
「見て！」という意味以外に，「ほら！」と相手の注意を促す時にも用います．

新出単語

poglédati[完]	見る	bábica[女]	おばあさん
fotografíja[女]	写真	čŕn	黒い
družína[女]	家族	krílo[中]	スカート
kdó	誰	jópica[女]	カーディガン
stàr	古い，年とった	podóben ＋与	～に似ている
dédek[男]	おじいさん	poslóven	仕事の
žêna[女]	妻	potovánje[中]	旅行
poméniti[不完]	意味する	poslóvno potovánje	出張
to poméni：つまり		ker	なぜなら

テキスト　家族の写真

Mójca　—Poglêj, tó je fotografíja mója družíne.

Tóne　—Kdó je tá stári gospód?

Mójca　—Nàš dédek je. Živí blízu s svôjo žêno, tó poméni, z nášo bábico.

Tóne　—Tá gospá je lépa!

Mójca　—Tá v čŕnem krílu in v rdéči jópici? Tó je žêna mójega bráta.

Tóne　—In tá gospá je podóbna têbi.
　　　　A je tó tvója sêstra?

Mójca　—Já. In tó sta mój bràt in náša máti.

Tóne　—A ní túkaj tvójega očéta?

Mójca　—Nè, ker je bíl na poslóvnem potovánju.

訳

モイツァ：ほら，これが私の家族の写真よ．
トーネ： この年とった男の人は誰？
モイツァ：私たちのおじいさん．近くに奥さん，つまり私たちのおば
　　　　　あさんと住んでいるわ．
トーネ： この人きれいだね！
モイツァ：黒いスカートと赤いカーディガンの人？兄の奥さんよ．
トーネ： この人は君に似ているね．お姉さん？
モイツァ：そう．それで，これが母と兄．
トーネ： ここにはお父さんはいないの？
モイツァ：いないの．出張中だったから．

練習問題（解答は203ページ）

1　次の語を単数で格変化させなさい．
　1）nòv stòl
　2）stára míza
　3）náše stanovánje

2　次の日本語をスロヴェニア語に訳しなさい．
　1）これはあなたの家族の写真ですか．
　2）僕は昨日彼の妹と散歩しました．
　3）トーネは自分の父親に手紙を送りました．
　4）この古いノートは私のです．
　5）彼らは今出張中です．
　6）彼女のお兄さんが見えますか．
　7）ヨージェは今家にいません．
　8）新しい机の上に本が五冊あります．
　9）彼ら二人はノーヴォ・メースト（Nôvo mésto）出身です．
　10）彼のお父さんに電話してください．

第 19 課　　19. LEKCIJA

人称代名詞前置格

	1人称	2人称	3人称 男性, 中性	3人称 女性
単数	mêni	têbi	njêm	njéj
双数	náju	váju	njíju, njìh (3性共通)	
複数	nàs	vàs	njìh	

語幹がーesーによって拡大する中性名詞変化

koló は次のような変化をします．

	単数	双数	複数
主	koló	kolési	kolésa
生	kolésa	kolés	kolés
与	kolésu	kolésoma	kolésom
対	koló	kolési	kolésa
前	kolésu	kolésih	kolésih
造	kolésom	kolésoma	kolési

◇このような変化は，単数主格が−ó でおわるいくつかの中性名詞に起こります．

　例文：Tóne imá trí kolésa.
　　　　トーネは自転車を3台もっています．

特殊な形のl分詞　1
　　−sti で終わる動詞のl分詞形を作る時は注意が必要です．
　　例：jésti → jédel, jédla, jédlo, jédli, jédle…
　　　　nêsti → nêsel, nêsla, nêslo, nêsli, nêsle…
　　jésti の現在人称変化は不規則です．→まとめと応用3

　　íti のl分詞形は不規則です．
　　例：šèl, šlà, šlò, šlì, šlè…
◇íti に接頭辞がついている動詞のl分詞形も同様です．
　　例：príti→prišèl, prišlà, prišlò, prišlì, …
◇現在変化は接頭辞のない場合とある場合では異なります．
　　íti：grém, gréš, gré…
　　príti：prídem, prídeš, príde…

前置詞 iz と s／z
　　10課で「～へ，～に」という方向を表す時，前置詞 v か na を用い，対格と結びつくということ，どの名詞が v を取りどの名詞が na をとるのか名詞ごとにそれぞれ覚えなくてはならないことを学びました．その反対の意味の「～から（来る）」という意味を表す時，前置詞 v と結びつく名詞は iz を，na と結びつく名詞は z／s を用います．次にくる語が母音字あるいは有声子音字で始まる時は z と，無声子音字で始まる時は s と書きます．いずれの場合も生格をとります．

　　　　例文：Odkód ste prišlì？　　　どちらからいらしたんですか．
　　　　　　　Prišèl sem s fakultéte.　学部から来ました．

　　　　　　　Odkód si prišèl？　　　どこから来たの．
　　　　　　　Prišèl sem iz bánke.　　銀行から来たんだ．

新出単語

kavárna[女]	喫茶店	čestítati[完・不完]	お祝いを言う
pogovárjati se[不完]	おしゃべりする	dáti[完]	与える，あげる
		šôpek[男]	花束
velíko	たくさん	podaríti[完]	贈る
s／z ＋生	～から	skodélica[女]	カップ
fakultéta[女]	学部	za ＋対	(～の)ための，(～の)ために
razlágati[不完]	説明する	vesélo	楽しく，陽気に
popíti[完]	飲み終える	jésti[不完]	食べる
rôjsten	誕生の		
rôjstni dán	誕生日		

テキスト　モイツァの誕生日

V kavárni sta se Máša in Jóže pogovárjala o Mójci in njéni družíni. Jóže ní velíko védel o njìh. Ko mu je Máša razlágala, je k njíma prišèl Tóne s kolésom s fakultéte. Popíli so kávo in šlì skúpaj k Mójci. Dánes imá Mójca rôjstni dán. Čestítali so ji in ji dáli šôpek. Pri njéj je žé bilá njéna sêstra. Ôna je podaríla Mójci skodélico za čáj. Vesélo so píli, jédli in se pogovárjali.

喫茶店メニューより

Radenska	ラーデンスカ(ミネラルウォーター)		
Sok jabolčni	アップルジュース	Čaj z mlekom	ミルクティー
Sok pomarančni	オレンジジュース	Čaj z limono	レモンティー
Ledeni čaj	アイスティー	Kava z mlekom	ミルクコーヒー
		Kapučino	カプチーノ

　Radenskaとは，スロヴェニア北東部のパンノニア地方にある温泉地ラーデンツィRadenci産のミネラルウォーターの商標です。
　その他に，ホイップクリームを乗せた，Kava s smetanoもよくメニューに載っています。

―― 訳 ――

　喫茶店でマーシャとヨージェがモイツァとその家族について話していました．ヨージェはその人たちのことをよく知らなかったのです．マーシャが説明していると，トーネが学部から自転車でやって来ました．三人はコーヒーを飲み終えると，一緒にモイツァのところへ行きました．モイツァは今日誕生日なのです．お祝いを言って，彼女に花束をあげました．モイツァのところにはもう彼女のお姉さんがいました．お姉さんはモイツァにティーカップをプレゼントしました．みんなは楽しく飲んだり食べたりおしゃべりをしました．

練習問題（解答は 204 ページ）

I　次の日本語をスロヴェニア語に訳しなさい．
　1）僕は彼女の誕生日のためのプレゼントを買いました．
　2）大学には君の自転車はなかったよ．
　3）昨日は君たちのことを話していたんだ．
　4）今僕は彼のところに住んでいます．
　5）この学生は何という名前か知っていますか．
　6）彼らはウィーン出身です．
　7）僕にミルクをちょうだい．
　8）マーシャは大学からトーネのところへやって来ました．
　9）何を食べているの．
　10）銀行の前に自転車が六台ありました．

第 20 課　　20. LEKCIJA

ペアをなす名詞
　rôka 手や nôga 足など，左右で一揃いの意味の名詞は，「両手」，「両足」を意味する時，普通双数形を用いずに複数形で表します．
　例文：Rôke me solíjo.　　私は両手が痛い．
　　　　A te bolíjo nôge?　両足が痛いの？
　ただし，dvá, dvé 二つの　や obá, obé 両方の　という語を用いて「両方」であることを強調する場合には，双数形が現われます．
　例文：Obé rôki me bolíta.　　両手とも痛い．
　　　　A te bolíta obé nôgi?　両足とも痛いの？

特殊な形の１分詞　2
　−či で終わる動詞の１分詞形を作る時は注意が必要です．
　môči　→ mógel, mógla, móglo, mógli, mógle...
　rêči　→ rékel, rêkla, rêklo, rêkli, rêkle...

　例文：Míslim, da ne bó Tóne mógel k vàm príti.
　　　　トーネはあなたのところへ来られないだろうと思います．
　　　　Máša je rêkla, da imá Jóže vročíno.
　　　　マーシャは，ヨージェは熱がある，と言いました．

◇môči と rêči の現在人称変化はそれぞれ，
　mórem, móreš, móre... ;
　réčem, réčeš, réče...
　と３人称単数が−e で終わるタイプの変化をします．

「～できる」と「～できない」

　10課で既に学習したように、「～できる」という意味を表す時は、副詞 lahkô を用い、動詞は人称変化させます。それに対して「～できない」という意味を表す時は、môči を人称変化させ否定にし、不定法と組み合わせます。môči は事実上否定文でしかでてきません。

　　例文：－A lahkô k mêni prídeš?
　　　　　私のところに来られる？
　　　　　－Žàl ne mórem k têbi príti.
　　　　　残念だけど君のところへは行けないよ。
　　　　　Včéraj sem lahkô napísala referát, ker mi je Tóne pomágal.
　　　　　トーネが手伝ってくれたので、昨日レポートを書き上げることができた。
　　　　　Nísem mógla napísati referáta, ker sem bilá zeló zaposlêna.
　　　　　とても忙しかったのでレポートを書き上げることができなかった。
　　　　　Mója žêna vàs bo lahkô dopóldne poklícala.
　　　　　家内は午前中にそちらへお電話できることでしょう。
　　　　　Mója žêna vàs ne bó mógla poklícati.
　　　　　家内はそちらに電話できないことでしょう。

◇ lahkô を疑問文で用い、主語が2人称の時、依頼を表すことがあります。
　　例文：－A mi lahkô napíšeš nòv naslòv?
　　　　　新しい住所を書いてくれる？
　　　　　－Já, lahkô.
　　　　　うん、いいよ。

新出単語

počútiti se[不完]	感じる	vročína[女]	熱
slabó	悪く	verjétno	きっと
ne môči[不完]	できない	prehlajèn	風邪をひいている
spáti[不完]	眠る	ísti	同じ
gláva[女]	頭	stánje[中]	状態，症状
boléti[不完]	痛い	rêči[完]	言う
gŕlo[中]	喉	pazíti se[不完]	気をつける
zdéti se[不完]	(〜の)ようだ	rôka[女]	手
		nôga[女]	足

テキスト　風邪

Tóne　—Žívjo, kám gréš?

Jóže　—Grém k zdravníku. Počútim se slabó, ne môrem spáti ponôči in gláva me bolí.

Tóne　—A te bolí túdi gŕlo?

Jóže　—Já. Zdí se mi, da imám túdi vročíno.

Tóne　—Verjétno si prehlajèn. Pred tédnom sem bíl v ístem stánju. Zdravník mi je rékel, da sem prehlajèn. Zdàj pa sem v rédu. Adíjo, pázi se!

Jóže　—Hvála, adíjo!

身体名称

gláva	頭	ráma	肩	ráme	両肩
vràt	首	rôka	手	rôke	両手
gŕlo	喉	nôga	足	nôge	両足
hrbèt	背中	koléno	膝	koléna	両膝

訳

トーネ： やあ，どこへ行くの？
ヨージェ：医者に行くんだ．気分が悪くて．夜眠れないし，頭も痛い．
トーネ： 喉も痛い？
ヨージェ：痛い．それに熱もあるみたいだ．
トーネ： きっと風邪をひいたんだよ．一週間前僕も同じ症状だった．お医者さんは風邪だって言ったよ．でも今は大丈夫だけどね．じゃあね，お大事に！
ヨージェ：ありがとう，バイバイ！

練習問題（解答は 204 ページ）

1　両手 rôke，両足 nôge を格変化させなさい．

2　次の日本語をスロヴェニア語に訳しなさい．
 1）私の父は両足が痛かった．
 2）夜中僕は気分が悪かった．
 3）休暇中はうちに妹が来るので，ウィーンへは行けないだろう．
 4）昨日は忙しかったので，テレビを見ることができなかった．
 5）ヨージェは喉が痛いと言いました．
 6）お大事に（気をつけてください）．
 7）（両）手に何を持っているのですか．
 8）二人で泳ぎましょうか．
 9）彼らはきっと風邪を引いていたのだと思います．
 10）トーネは試験をうまく終わらせることができるだろうか．

まとめと応用　4

未来時制　→ L. 16

		男性		女性		中性	
単	1	bóm	délal	bóm	délala	bóm	délalo
	2	bóš	délal	bóš	délala	bóš	délalo
数	3	bó	délal	bó	délala	bó	délalo
双	1	bóva	délala	bóva	délali	bóva	délali
	2	bósta	délala	bósta	délali	bósta	délali
数	3	bósta	délala	bósta	délali	bósta	délali
複	1	bómo	délali	bómo	délale	bómo	délala
	2	bóste	délali	bóste	délale	bóste	délala
数	3	bódo	délali	bódo	délale	bódo	délala

◇ bíti の未来時制だけは l 分詞と組み合わせず，bóm, bóš, ...のみで表します

例文：－Káj bóste délali jútri？
　　　明日何をしますか？
　　　－Bómo šlì na koncêrt.
　　　コンサートに行きます．

特殊な形の l 分詞

jésti	→jédel, jédla, jédlo, jédli, jédle...	→L. 19
nêsti	→nésel, nêsla, nêslo, nêsli, nêsle...	→L. 19
íti	→šèl, šlà, šlò, šlì, šlè...	→L. 19
môči	→mógel, mógla, móglo, mógli, mógle...	→L. 20
rêči	→rékel, rêkla, rêklo, rêkli, rêkle...	→L. 20

名詞の双数及び複数変化

			男性名詞	中性名詞	女性名詞	
双数	主		dežník-a	stanovánj-i	prtljág-i	→L. 11
	生		dežník-ov Slovénc-ev	stanovánj-_	prtljág-_	→L. 12
	与		dežník-oma Slovénc-ema	stanovánj-ema písm-oma	prtljág-ama	→L. 17
	対		dežník-a	stanovánj-i	prtljág-i	→L. 11
	前		dežník-ih	stanovánj-ih	prtljág-ah	→L. 16
	造		dežník-oma Slovénc-ema	stanovánj-ema písm-oma	prtljág-ama	→L.13
複数	主		dežník-i	stanovánj-a	prtljág-e	→L. 11
	生		dežník-ov Slovénc-ev	stanovánj-_	prtljág-_	→L. 12
	与		dežník-om Slovénc-em	stanovánj-em písm-om	prtljág-am	→L. 17
	対		dežník-e	stanovánj-a	prtljág-e	→L. 11
	前		dežník-ih	stanovánj-ih	prtljág-ah	→L. 16
	造		dežník-i	stanovánj-i	prtljág-ami	→L. 13

◇男性名詞で単数主格が－j, －c, －č, －š, －ž で終わるものや語幹が－j－によって拡大するものは，双数与・造格，複数生格，与格でそれぞれ－ema, －ev, －em という語尾をとります．

◇中性名詞で単数主格が－o で終わるものは，双数与・造格，複数与格でそれぞれ－oma, －om という語尾をとります．

形容詞単数変化　→ L. 18

	男性	中性	女性
主	nòv	nôvo	nôva
生	nôvega		nôve
与	nôvemu		nôvi
対（不活）	nòv	nôvo	nôvo
（活）	nôvega		
前	nôvem		nôvi
造	nôvim		nôvo

◇所有代名詞も形容詞と同じ語尾を取ります．
◇形容詞男性単数主格には限定形－iもあります．

単語

親族名称

　dédek　おじいさん　　　bábica　おばあさん
　stári ôče　祖父　　　　stára máti　祖母
　ôče　父　　　　　　　　máti　母
　stríc　伯父, 叔父　　　têta　伯母, 叔母
　brátranec　従兄弟　　　sestríčna　従姉妹
　móž　夫　　　　　　　žêna　妻
　bràt　兄, 弟　　　　　sêstra　姉, 妹
　sín　息子　　　　　　　hčérka／hčí　娘　otròk　こども
　nečák　甥　　　　　　　nečákinja　姪
　vnúk　孫　　　　　　　vnúkinja　孫娘
　soródnik　親戚（男）　soródnica　親戚（女）

人称代名詞変化

		1人称	2人称	3人称 男性	3人称 中性	3人称 女性	
単数	主	jàz	tí	òn	ôno	ôna	
	生	mêne／me	têbe／te	njéga／ga		njé／je	→ L. 14
	与	mêni／mi	têbi／ti	njému／mu		njéj／ji	→ L. 15
	対	mêne／me	têbe／te	njéga／ga, −nj(男), −nje(中)		njó／jo njo	→ L. 14
	前	mêni	têbi	njêm		njéj	→ L. 19
	造	máno, menój	tábo, tabój.	njím		njó	→ L. 17
双数	主	mídva(男) mídve(女)	vídva(男) vídve(女)	ônadva(男) 3性共通	ônidve(中, 女)		
	生	náju	váju	njíju／ju, jih			→ L. 14
	与	náma	váma	njíma／jima			→ L. 15
	対	náju	váju	njíju／ju, −nju, jih			→ L. 14
	前	náju	váju	njíju／njìh			→ L. 19
	造	náma	váma	njíma			→ L. 17
複数	主	mí(男) mé(女)	ví(男) vé(女)	ôni 3性共通	ôna	ône	
	生	nàs	vàs	njìh／jih			→ L. 14
	与	nàm	vàm	njìm／jim			→ L. 15
	対	nàs	vàs	njìh, njè／jih, −nje			→ L. 14
	前	nàs	vàs	njìh			→ L. 19
	造	námi	vámi	njími			→ L. 17

◇／の前を長形，後を短形と呼びます。

◇単数対格の−nj, −nje, −njo や双数対格の−nju は前置詞と共に用いる形です。

◇双数主格の女性1人称，女性2人称，女性及び中性の3人称は表で示した形以外に，médve, védve, ônedve もあります。

第21課　21. LEKCIJA

形容詞双数／複数変化

<table>
<tr><td rowspan="5">双数</td><td rowspan="5">主生与対前造</td><td></td><td>男性</td><td>中性</td><td>女性</td><td rowspan="5">複数</td><td rowspan="5">主生与対前造</td><td>男性</td><td>中性</td><td>女性</td></tr>
<tr><td>主</td><td>nôva</td><td>nôvi</td><td>nôvi</td><td>nôvi</td><td>nôva</td><td>nôve</td></tr>
<tr><td>生与</td><td colspan="3">nôvih
nôvima</td><td colspan="3">nôvih
nôvim</td></tr>
<tr><td>対</td><td>nôva</td><td>nôvi</td><td>nôvi</td><td>nôve</td><td>nôva</td><td>nôve</td></tr>
<tr><td>前造</td><td colspan="3">nôvih
nôvima</td><td colspan="3">nôvih
nôvimi</td></tr>
</table>

例文：Včéraj smo se pogovárjali o slovénskih pisáteljih.
　　　昨日私たちはスロヴェニアの作家たちについて語り合いました．
　　　Šèl sem na univêrzo z nôvima študêntoma.
　　　僕は二人の新入生と一緒に大学へ行きました．

男性名詞複数主格

　男性名詞の複数主格は−i ですが，人を表わす名詞の中にはアクセントのない−je という語尾をとるものがあります．
　例：štud̀ent　→　študêntje／študênti
　　　gospód　→　gospódje／gospódi
　　　bràt　→　brátje／bráti
　−i という語尾をとらず，−je しかもたない名詞は lás 髪，móž 夫，zób 歯の3つのみです．→ p.148
　例：lás　→　lasjé
　　　móž　→　možjé
　　　zób　→　zobjé

「〜が好き」と「〜が嫌い」

「〜が好きです」という時，目的語を直接とる場合は iméti ràd ＋対格とします。

ràd の部分は主語の性と数にあわせて以下のように変化します．

	男性	中性	女性
単	ràd	rádo	ráda
双	ráda	rádi	rádi
複	rádi	ráda	ráde

「〜することが好きです」という時，動詞の人称変化と主語の性と数にあわせた ràd の変化形を組み合わせます．

例文：Tóne imá ràd svójo têto.　トーネはおばさんが好きです．
　　　A ráda potújeta?　　　　お二人は旅行が好きですか．

「〜が嫌いです」という時は ne márati を使います．目的語は生格にします．

「〜することが嫌いです」という時は ne márati を主語にあわせて人称変化させ，動詞の不定法と組み合わせます．この場合も不定法のとる目的語は生格にします．

例文：Ne máramo izpítov.　　　私たちは試験が嫌いです．
　　　Ne máram pisáti písem.　私は手紙を書くことが嫌いです．

◇ márati は môči と同様，一般に否定文で用いられます．

新出単語

predstáviti[完]	紹介する	razlíčen	さまざまな
prihájati[不完]	来る、～出身だ	vŕsta[女]	種類
román[男]	小説	špórt[男]	スポーツ
slovénski	スロヴェニアの	ne márati[不完]	嫌いだ
pisátelj[男]	作家	zímski	冬の
literatúra[女]	文学	obiskáti[完]	訪れる
ukvárjati se[不完]s／z+造		mésto[中]	町
	従事する、たしなむ	rad	喜んで
		lás[男]	髪

テキスト　モイツァの友人

Želím vàm predstáviti svóje prijátelje. Tó je Jóže. Prihája iz Máribora. Ràd bêre románe slovénskih pisáteljev.

Tó je Máša. Študíra slovénsko literatúro. Ráda se ukvárja z razlíčnimi vŕstami špórta, ne mára pa zímskega špórta.

In tó je Tóne. Študíra z máno medicíno. Ràd potúje in je žé obiskál razlíčna mésta. Mí smo študêntje in študíramo na ísti univêrzi.

学問分野

自然科学	naraslóvne véde
物理	fízika
化学	kémija
数学	matemátika
医学	medicína
人文科学	humanístične véde
哲学	filozofíja
地理	geografíja, zemljepís
文学	slóvstvo, knjižévnost
歴史	zgodovína

訳

　友人を紹介したいと思います．これはヨージェです．マリボル出身です．スロヴェニアの作家の小説を読むのが好きです．

　これはマーシャです．スロヴェニア文学を勉強しています．いろいろな種類のスポーツをするのが好きですが，ウィンタースポーツは好きではありません．

　そして，これはトーネです．私と一緒に医学を勉強しています．旅行するのが好きで，もういろいろな町を訪れました．私たちはみんな学生で，同じ大学で勉強しています．

練習問題（解答は 205 ページ）

1　次の語を双数・複数で格変化させなさい．
  1) dóber studènt　　　2) knjížna políca
  3) nôvo postajalíšče　4) môje písmo

2　次の日本語をスロヴェニア語に訳しなさい．
  1) トーネ，ヤネス（Jánez），サーシャ（Sáša）は兄弟です．
  2) コーヒーを飲むのが好きですか．
  3) コーヒーは嫌いです．
  4) 私はバスで旅行するのは嫌いです．
  5) スポーツをなさいますか．
  6) 私たちはスポーツをするのが大好きです．
  7) 昨日はスロヴェニアの友人たちに手紙を書きました．
  8) 彼らは同じ大学の様々な学部で勉強しています．
  9) 部屋の中には二冊の新しい辞書がありました．
  10) ヨージェはスーパーマーケットで買い物をすることが好きです．

第22課　22. LEKCIJA

条件法

　スロヴェニア語の条件法は助詞 bi と l 分詞を組み合わせて作ります．bi は主語の数や人称に形を左右されることなく常に bi です．既に学習したように l 分詞には人称は現れないので，文脈から判断します．条件法は実現しえない動作を表します．

　例文：Če bi imél čàs, bi šèl na koncêrt.
　　　　もし僕（／彼）に時間があればコンサートに行くのだが．
婉曲な願望や依頼を表すこともあります．
　例文：Ráda bi si tó kupíla.
　　　　それを買いたいのですが．
　　　　A bi me lahkó poklícali kasnéje?
　　　　のちほどお電話していただけますか．

曜日の表現

「～曜日に」という時は v ＋単数対格にします．
「～曜日ごとに」という時は ob ＋複数前置格にします．

	～曜日	～曜日に	～曜日ごとに
月	ponedéljek	v ponedéljek	ob ponedéljkih
火	tôrek	v tôrek	ob tôrkih
水	sréda	v srédo	ob srédah
木	četŕtek	v četŕtek	ob četŕtkih
金	pétek	v pétek	ob pétkih
土	sobóta	v sobóto	ob sobótah
日	nedélja	v nedéljo	ob nedéljah

例文：Dánes je četŕtek, včéraj je bilá sréda.
　　　今日は木曜日です，昨日は水曜日でした．
　　　V nedéljo sem govoríl z Mójco po telefónu.
　　　日曜日に僕はモイツァと電話で話をしました．
　　　Ob ponedéljkih plávam.
　　　私は毎週月曜日に泳いでいます．

再帰代名詞の変化

再帰代名詞は,「自分自身」という意味で,主語と一致する時に用います。主格はありません。15課で対格の短形をともなう再帰動詞がでてきましたがこの課では与格の短形をともなう再帰動詞がでてきます。

生	sêbe／se
与	sêbi／si
対	sêbe／se
前	sêbi
造	sebój, sábo

例文：Kupíl sem mu knjígo.
　　　僕は彼に本を買ってあげた。
　　　Kupíl sem si knjígo.
　　　僕は（自分のために）本を買った。
　　　Tóne je govoríl o sêbi.
　　　トーネは自分自身について話している。

静かなたたずまいを見せるボヒン湖 Bohinjsko jezero。ここからユリアン・アルプスへの登山道が始まる。

新出単語

bi	1分詞とともに条件法を作る助詞	zapŕt	閉まっている
angléško-slovénski		ponedéljek[男]	月曜日
	英語－スロヴェニア語の	tôrek[男]	火曜日
izposóditi si[完]	借りる	sréda[女]	水曜日
izgubíti[完]	なくす	četŕtek[男]	木曜日
dánes	今日	pétek[男]	金曜日
nedélja[女]	日曜日	sobóta[女]	土曜日
vès	全部の，全ての	Hríbar	フリバル(姓)
če	もし	sêbe	自分自身

テキスト　電話（モイツァとヨージェ）

ga. Hríbar — Prósim.
Jóže　　　— Dóber dán, Jóže pri telefónu.
　　　　　A bi lahkó govoríl z Mójco?
ga. Hríbar — Dóber dán, trenútek, prósim.
Mójca　　 — Žívjo, Jóže!
Jóže　　　— Žívjo, Mójca! A imáš angléško-slovénski slovár?
Mójca　　 — Já.
Jóže　　　— Rád bi si ga izposódil.
Mójca　　 — Dôbro, dánes ga ne potrebújem.
　　　　　A si svójega izgubíl?
Jóže　　　— Já. Če bi ne bilá dánes nedélja, bi si ga kupíl.
Mójca　　 — Já, v nedéljo so vsè trgovíne zapŕte.

> **訳**
>
> フリバル夫人：はい．
> ヨージェ：　　こんにちは，ヨージェです．モイツァとお話しできますか？
> フリバル夫人：こんにちは，少々お待ちください．
> モイツァ：　　こんにちは，ヨージェ！
> ヨージェ：　　こんにちは，モイツァ！英語－スロヴェニア語辞典を持ってる？
> モイツァ：　　ええ．
> ヨージェ：　　それを借りたいんだけど．
> モイツァ：　　いいわよ，今日は必要ないし．自分のはなくしたの？
> ヨージェ：　　うん．今日が日曜日でなかったら買うんだけどね．
> モイツァ：　　そうね，日曜日はお店が全部閉まっているものね．

練習問題（解答は206ページ）

I　次の日本語をスロヴェニア語に訳しなさい．
1) トーネとお話しできるでしょうか．
2) 昨日は日曜日だったので大学は閉まっていました．
3) 私は毎週火曜日に父に手紙を書きます．
4) 私たち二人はダイニングテーブルを買いたいのですが．
5) 月曜日にヨージェはモイツァにスロヴェニア語－英語辞典を買いました．
6) もし僕が風邪をひいていなければ，泳ぐのに．
7) もし今休暇中なら，旅行できるのに．
8) マーシャは木曜日に雑誌を二冊買いました．
9) もし君が助けてくれなかったら僕はレポートを書き上げられなかっただろう．
10) 金曜日に兄が来ます．

第23課　23. LEKCIJA

時間の表現　1

「～時です」という時は，Úra je の後に数詞（女性）を続けます．

1 時	Úra je êna.
2 時	Úra je dvé.
3 時	Úra je trí.
4 時	Úra je štíri.
5 時	Úra je pét.
6 時	Úra je šést.
7 時	Úra je sédem.
8 時	Úra je ôsem.
9 時	Úra je devêt.
10 時	Úra je desêt.
11 時	Úra je enájst.
12 時	Úra je dvánajst.

「～時半です」という時は pòl の後に，数詞に －ih か －eh（2 と 3 のみ）という語尾をつけて続けます．

1 時半	Úra je pòl dvéh.
2 時半	Úra je pòl tréh.
3 時半	Úra je pòl štírih.
4 時半	Úra je pòl pêtih.
5 時半	Úra je pòl šêstih.
6 時半	Úra je pòl sêdmih.
7 時半	Úra je pòl ôsmih.
8 時半	Úra je pòl devêtih.
9 時半	Úra je pòl desêtih.
10 時半	Úra je pòl enájstih.
11 時半	Úra je pòl dvánajstih.
12 時半	Úra je pòl ênih.

「～時に」という時は前置詞 ob を用い，−ih か−eh の語尾をつけた数詞を続けます．pòl は変化しません．

1 時に	ob ênih	1 時半に	ob pòl dvéh
2 時に	ob dvéh	2 時半に	ob pòl tréh
3 時に	ob tréh	3 時半に	ob pòl štírih
4 時に	ob štírih	4 時半に	ob pòl pêtih
5 時に	ob pêtih	5 時半に	ob pòl šêstih
6 時に	ob šêstih	6 時半に	ob pòl sêdmih
7 時に	ob sêdmih	7 時半に	ob pòl ôsmih
8 時に	ob ôsmih	8 時半に	ob pòl devêtih
9 時に	ob devêtih	9 時半に	ob pòl desêtih
10 時に	ob desêtih	10 時半に	ob pòl enájstih
11 時に	ob enájstih	11 時半に	ob pòl dvánajstih
12 時に	ob dvánajstih	12 時半に	ob pòl ênih

例文：Včéraj sem vstála ob sêdmih.
　　　昨日私は7時に起きました．
　　　Ob pòl devêtih je prišlà Máša.
　　　8時半にマーシャがやってきました．

語幹が－er－によって拡大する女性名詞変化

	単数	双数	複数
主	máti	máteri	mátere
生	mátere	máter	máter
与	máteri	máterama	máteram
対	máter	máteri	mátere
前	máteri	máterah	máterah
造	máterjo	máterama	máterami

◇この変化をする名詞は他に hčí 娘 しかありません．

新出単語

úra[女]	~時, 時間, 時計	povábiti[完]	招待する，招く
vstáti[完]	起きる	zabáva[女]	パーティー
obléči se[完]	着る	čez +対	~の間（時間），~後
časopís[男]	新聞	čez dán：	日中；
zajtrkováti[不完]		čez úro：	1時間後
	朝食をとる	med +造	~の間（場所）
pomíti[完]	洗う	gòst[男]	客
posóda[女]	食器	sôsed[男]	隣人
telefonírati[不完・完]		Jánez[男]	ヤネス（男の名）
	電話する	domóv	家へ

テキスト　モイツァの1日

　Úra je bilá ôsem dopóldne. Mójca je vstála in se oblékla. Brála je časopís in ob devêtih je začéla zajtrkováti.

　Potém je pomágala svóji máteri：pomíla je posódo. Ob enájstih ji je telefonírala Máša in jo povábila na zabávo. Čez dán je Mójca študírala domá. Ko je prišlà k Máši, je bilá úra pòl šêstih. Med gôsti je bíl njén nôvi sôsed, Jánez. Máša ga je Mójci predstávila. Zabáva je bilá veséla. Ob desêtih je Mójca šlà domóv.

---**訳**---

　　午前8時のことでした．モイツァは起きて着替えました．新聞を読み，9時に朝食を取り始めました．それから母親を手伝いました．食器を洗ったのです．11時にマーシャから電話があり，パーティーに誘われました．日中はモイツァは家で勉強していました．マーシャのところに着いたときには，5時半でした．お客さんの中にはマーシャの新しい隣人のヤネスがいました．マーシャは彼をモイツァに紹介しました．楽しいパーティーでした．10時にモイツァは家に帰りました．

練習問題（解答は 206 ページ）

I　次の日本語をスロヴェニア語に訳しなさい．
　1）金曜日の4時に大学へ来てくださいますか．
　2）トーネがヨージェに電話したときは，もう3時でした．
　3）ヨージェはモイツァをパーティーに招待しました．
　4）マーシャ，私を彼に紹介してくれる？
　5）コス教授は9時半に大学へやってきました．
　6）日中ジュパンチチ夫人は雑誌を読んでいました．
　7）昨日僕は6時半に起きました．
　8）私の母に電話してくださいますか．
　9）彼の新しい隣人はヤネスという名です．
　10）休暇中母と一緒にウィーンへ行きました．

　　男性を表す名字が格変化するのに対して，女性を表す名字は変化しないのが普通です．形の上では，男性・女性の区別はありません．
　例文：Seznánil sem se z Jánezom Hríbarjem.
　　　　　僕はヤネス・フリバルと知り合いになりました．
　　　　Včéraj sem vídel gospóda Hríbarja.
　　　　　昨日僕はフリバルさんを見かけました．
　　　　Seznánil sem se z Mójco Hríbar.
　　　　　僕はモイツァ・フリバルと知り合いになりました．
　　　　Včéraj sem vídel gospodíčno Hríbar.
　　　　　昨日僕はフリバルさんを見かけました．

第24課　24. LEKCIJA

所有形容詞

　「～の」という，個々の具体的な人の所有を表す場合，所有形容詞が用いられます．主として人名から作りますが，特定の人を示す場合は普通名詞からも作ることがあります．

　男性名詞から作る時は，語幹に **−ov** という語尾をつけます．
　例：Jánez→Jánezov dežník, Jánezova prtljága… ;
　　　ôče→očétov ávto, očétovo písmo…
　語幹が−č, −š, −ž, −j で終わるときは，**−ev** という語尾をつけます．語幹が−c で終わるときは c を č に替えます．
　例：môž→môžev stòl, môževa knjíga… ;
　　　profésor→profésorjev sín, profésorjeva míza… ;
　　　stríc→stríčev slovár, stríčeva knjíga…

　女性名詞から作る時は，語尾 a を取り去り **−in** という語尾をつけます．
　例：Máša→Mášin ôče, Mášino stanovánje…
　　−ca で終わる場合は−čin と替えます．
　例：bábica→bábičina póstelja, bábičino koló…

　所有形容詞も他の形容詞と同じように変化します．

プリモシュ・トゥルバル Primož Trubar 像．1551年スロヴェニア語による初めての本，教理問答書 Katekizem を発表した． → p.178

語幹が −t− によって拡大する中性名詞変化

	単数	双数	複数
主	deklè	dekléti	dekléta
生	dekléta	deklét	deklét
与	deklétu	deklétoma	deklétom
対	deklè	dekléti	dekléta
前	deklétu	deklétih	deklétih
造	deklétom	deklétoma	dekléti

◇このような変化は −è で終わるいくつかの中性名詞に起こります．

指示代名詞 tá の双数・複数主格

	男性	中性	女性
双数	tá	tí	tí
複数	tí	tá	té

poznáti と védeti

両方の語とも「知っている」という意味ですが，védeti は接続詞 da や疑問詞で始まる従属文を取るのに対して，poznáti は直接対格を取ります．

例文： −A véste, kakó se imenúje tó jézero？
　　　この湖は何という名かご存じですか？
　　　−Já，vém. Tó je Bléd.
　　　ええ，知っています．これはブレッド湖です．

　　　−A poznáš Mášo？　マーシャを知っている？
　　　−Já, dôbro jo poznám. うん，よく知ってるよ．

◇ védeti は代名詞 tó をとることもあります．
　例文：Vém tó. それは知っています．

新出単語

slíka[女]	絵, 写真	zató ker	なぜなら
deklè[中]	若い女の人	nesréča[女]	事故
poznáti[不完]	知っている	povédati[完]	話す, 語る
pozabíti[完]	忘れる	zgodíti se[完]	起こる
zráven+生	隣に	dólg	長い
spomínjati se[不完]+生	覚えている	zgódba[女]	話
		jézero[中]	湖
mímogredé	ところで	Bléd[男]	ブレッド
zakáj	なぜ		(湖)

テキスト　パーティーの写真

Mójca－Poglêj, tó je slíka z zabáve pri Máši.
Tóne　－Kdó sta tí deklêti? Ju poznáš?
Mójca－Tó sta Mášini sêstri.
Tóne　－Kakó se imenújeta?
Mójca－Hmm... Pozabíla sem.
Tóne　－Kdó je tá fànt zráven Jóžeta?
　　　　　A se ga spomínjaš?
Mójca－Tó je Jánez, Mášin nôvi sôsed.
　　　　　Mímogredé, zakáj te ní biló na zabávi?
Tóne　－Zató ker sem imél nesréčo.
Mójca－Rés! Povéj, prósim, káj se je zgodílo.
Tóne　－Tó bó dólga zgódba...

> **訳**
> モイツァ：ほら，これがマーシャのところでやったパーティーの写真よ．
> トーネ：　この若い女の人たちは誰？知ってる？
> モイツァ：マーシャの妹．
> トーネ：　何て名前？
> モイツァ：うーん...忘れちゃった．
> トーネ：　ヨージェの隣のこの男の子は誰？覚えてる？
> モイツァ：ヤネスといって，マーシャの新しいお隣さんなの．ところで，どうしてパーティーにいなかったの？
> トーネ：　事故に遭ったからなんだよ．
> モイツァ：本当！何が起こったか話してちょうだい．
> トーネ：　話せば長くなるんだけどね...

練習問題（解答は 206 ページ）
I　次のスロヴェニア語を日本語に訳しなさい．
1）マーシャのお父さんを知っていますか．
2）昨日僕はトーネのおじさんと電話で話しました．
3）ヨージェの家族はマリボルで暮らしていると，私は知っています．
4）モイツァのお母さんは主婦です．
5）トーネは事故に遭ったので，パーティーに来られませんでした．
6）私は家に辞書を忘れてしまいました．
7）私たちは，ヤネスがパーティーにいたことを覚えています．
8）マーシャの新しい隣人の名前をご存じですか．
9）私はヨージェのお母さんを知りません．
10）このお嬢さんたち（複数）は昨日イギリスからやって来ました．

第25課　25. LEKCIJA

語幹が－n－によって拡大する中性名詞変化

	単数	双数	複数
主	imé	iméni	iména
生	iména	imén	imén
与	iménu	iménoma	iménom
対	imé	iméni	iména
前	iménu	iménih	iménih
造	iménom	iménoma	iméni

◇このように変化は vrême など－me で終わるいくつかの中性名詞に起こります．

不規則変化名詞 dán

	単数	双数	複数
主	dán	dnéva, dní	dnévi
生	dné, dnéva	dní, dnévov	dní, dnévov
与	dnévu	dnévoma, dnéma	dném, dnévom
対	dán	dní, dnéva	dní, dnéve
前	dné, dnévu	dnéh, dnévih	dnéh, dnévih
造	dném, dnévom	dnéma, dnévoma	dnémi, dnévi

「～してもよい」と「～してはならない」

「～してもよい」という許可を表す時は動詞の sméti の後に動詞の不定形を続けます．

例文：A smém túkaj kadíti？
　　　ここで煙草を吸ってもよろしいでしょうか？

「～してはならない」という禁止を表すときは sméti を否定にします．

例文：Túkaj ne sméte kadíti．
　　　ここで煙草を吸ってはいけません．

lahkó と znáti

両方とも「～できる」という意味ですが，lahkó が可能性として「できる」ことを意味するのに対して，znáti は能力があって「できる」，やりかたを知っているという意味です．20課ででてきたように，lahkó は副詞で，動詞の人称変化と結びつきます．znáti は動詞で，動詞の不定形と結びつきます．lahkó の否定は ne móči, znáti の否定は ne znáti です．

例文：－A lahkó prídete ob tréh？
　　　3時に来ていただけますか？
　　　－Ob tréh ne mórem príti, lahkó pa prídem kasnéje．
　　　3時にはうかがえませんが，もっと後なら大丈夫です．

　　　－A zná váš sín plávati？
　　　お宅の息子さんは泳げますか．
　　　－Nè, šè ne zná．
　　　いいえ，まだ泳げません．

新出単語

namerávati[不完]	〜するつもりだ	zarádi＋生	(〜の)せいで
deževáti[不完]	雨が降る	slàb	悪い
dèž[男]	雨	vrême[中]	天気
spremeníti se[完]	変わる	povzročíti[完]	引き起こす
nevíhta[女]	嵐	smêti[不完]	〜してもよい
znáti[不完]	できる	hodíti[不完]	歩く
šofírati[不完]	運転する	kadíti[不完]	煙草を吸う
zató	だから		
odpeljáti se[完]	(乗り物で)出発する		

テキスト　トーネの事故

Dopóldne sem šèl k strícu. Namerával sem bíti pri njém samó čez dán, àmpak ob enájstih je začélo deževáti. Dèž se je spremeníl v nevíhto. Znám šofírati, zató sem si izposódil stríčev ávto in sem se odpeljál. Nísem mógel dôbro vídeti zarádi slábega vreména in sem povzročíl nesréčo. Dvá dnéva nísem mógel hodíti.

スロヴェニアの南西部の村フラストーウェ Hrastovje の丘の上にある教会には、この国の中世絵画の代表、カストヴォのヤネス Janez iz Kastva 作のフレスコ画「死の舞踏」が描かれている。

— 115 —

> **訳**
>
> 　午前中僕は叔父のところへ行った．昼間の間だけおじゃまするつもりだったんだけど11時から雨が降り出したんだ．雨は嵐に変わってしまった．僕は運転できるから，叔父の車を借りて出発した．ひどい天気のせいでよく見えなくて，それで事故を起こしちゃった．2日間歩けなかったんだ．

練習問題（解答は207ページ）

1　次の語を単数，双数，複数で変化させなさい．
 1) Mášina knjíga　　2) Jánezov slovár
 3) môževo písmo　　4) bábičina zgódba

2　次の日本語をスロヴェニア語に訳しなさい．
 1) スロヴェニア語が話せますか．
 2) ここで本を読んでもいいですか．
 3) 私は彼らの名前を知っています．
 4) ここで泳いではいけないよ．
 5) 今日は嵐のため自転車で大学へ行けません．
 6) 私たちはおばの車を借りて出発しました．
 7) 息子さんはもう歩けるのですか．
 8) 昨日は忙しくて，母に電話できませんでした．
 9) 今雨が降っています．
 10) 5時半に電話してください．

まとめと応用　5

語幹が拡大する男性名詞，女性名詞の変化

単数	主	ôče	máti
	生	očé-t-a	mát-er-e
	与	očé-t-u	mát-er-i
	対	očé-t-a	mát-er
	前	očé-t-u	mát-er-i
	造	očé-t-om	mát-er-jo
双数	主	očé-t-a	mát-er-i
	生	očé-t-ov	mát-er
	与	očé-t-oma	mát-er-ama
	対	očé-t-a	mát-er-i
	前	očé-t-ih	mát-er-ah
	造	očé-t-oma	mát-er-ama
複数	主	očé-t-je, očé-t-i	mát-er-e
	生	očé-t-ov	mát-er
	与	očé-t-om	mát-er-am
	対	očé-t-e	mát-er-e
	前	očé-t-ih	mát-er-ah
	造	očé-t-i	mát-er-ami
		→L.18	→L.23

条件法→L. 22

　l分詞と bi の組み合わせ．

　例文：Če bi me ne bolélo uhó, bi šèl na koncêrt.
　　　　もし耳が痛くなかったら，コンサートに行くのだけど．
　　　　A bi lahkó prišlì ob dvéh？　2時に来ていただけますか？
　　　　Ráda bi govoríla s Tónetom．トーネとお話ししたいのですが．

語幹が拡大する中性名詞の変化

単数	主	koló	deklè	imé
	生	kol-és-a	deklé-t-a	imé-n-a
	与	kol-és-u	deklé-t-u	imé-n-u
	対	koló	deklè	imé
	前	kol-és-u	deklé-t-u	imé-n-u
	造	kol-és-om	deklé-t-om	imé-n-om
双数	主	kol-és-i	deklé-t-i	imé-n-i
	生	kol-és	deklé-t	imé-n
	与	kol-és-oma	deklé-t-oma	imé-n-oma
	対	kol-és-i	deklé-t-i	imé-n-i
	前	kol-és-ih	deklé-t-ih	imé-n-ih
	造	kol-és-oma	deklé-t-oma	imé-n-oma
複数	主	kol-és-a	deklé-t-a	imé-n-a
	生	kol-és	deklé-t	imé-n
	与	kol-és-om	deklé-t-om	imé-n-om
	対	kol-és-a	deklé-t-a	imé-n-a
	前	kol-és-ih	deklé-t-ih	imé-n-ih
	造	kol-és-i	deklé-t-i	imé-n-i
		→L.19	→L.24	→L.25

◇ －es－によって語幹が拡大する中性名詞の中には子音交替を起こすものがあります．uhó 耳と okó 目です．身体名称として用いられる時には普通双数形は用いられません．また，okó の複数形の語尾は女性名詞 stvár （→L.30）と同じです．

	単数	複数
主	uh-ó	uš-és-a
生	uš-és-a	uš-és
与	uš-és-u	uš-és-om
対	uh-ó	uš-és-a
前	uš-és-u	uš-és-ih
造	uš-és-om	uš-és-i

	単数	複数
主	ok-ó	oč-í
生	oč-és-a	oč-í
与	oč-és-u	oč-ém
対	ok-ó	oč-í
前	oč-és-u	oč-éh
造	oč-és-om	oč-mí

形容詞双数・複数変化→ L. 21

双数		男性	中性	女性
	主	nôva	nôvi	nôvi
	生		nôvih	
	与		nôvima	
	対	nôva	nôvi	nôvi
	前		nôvih	
	造		nôvima	

複数		男性	中性	女性
	主	nôvi	nôva	nôve
	生		nôvih	
	与		nôvim	
	対	nôve	nôva	nôve
	前		nôvih	
	造		nôvimi	

所有形容詞→ L. 24

男性名詞→語幹＋−ov／−ev（−č, −š, −ž, −j；−c＞č）

例：Jánez→Jánezov dežník, ôče→očétov ávto；
　　móž→môžev stòl, profésor→profésorjev sín；
　　stríc→stríčev slovár

女性名詞→語幹＋−in（−ca＞čin）

例：Máša→Mášin ôče；bábica→bábičin dežník

例文：Šlì smo z očétovem ávtom.　私たちは父の車で行きました.
　　　A poznáš Mójčino sêstro?　モイツァのお姉さんをご存じですか？

— 119 —

叙法

～してよい（許可） sméti smém；smél sem →L.25 A smém túkaj kadíti ?	～してはならない（禁止） ne sméti ne smém；nísem smél →L.25 Ne sméte túkaj kadíti.
～しなければならない（義務） mórati móram；móral sem Dánes móram napísati referát.	～する必要ない ní tréba ní mi tréba； ní mi biló tréba Ní mi tréba dánes napísati referáta.
～できる（可能） lahkó →L.20 A me lahkó poklíčeš ?	～できない（不可能） ne móči →L.20 ne mórem；nísem mógel Nísem te mógel poklícati, ker sem bíl zaposlèn.
～できる（能力） znáti →L.25 znám；znál sem Znám plávati.	～できない ne znáti →L.25 ne znám；nísem znál Ne znám plávati.
～したい，欲しい hotéti →L.13 hóčem；hotél sem Hóčem védeti, káj se je zgodílo.	～したくない，欲しくない ne hotéti nóčem；nísem hotél Nóčem íti na zabávo.
～したい，望む želéti →L.9 želím；želél sem Želíte čáj ?	～したくない，望まない ne želéti ne želím；nísem želél Ne želím hitéti.

単語

第21課から第25課までに出てきた職業名など人を表す語で，同じ意味の女性を表す語を挙げます．

    pisátelj   ／ pisáteljica → L.21
    gòst   ／ gôstja   → L.23
    sôsed   ／ soséda   → L.23

第26課　26. LEKCIJA

形容詞の比較級・最上級
　形容詞の比較級には単一形と複合形があります。
　単一形は**-š-, -j-, -éjš-**の3種類の語尾をつける方法があります。
　-š-をとる形容詞は原級の語幹が-b, -p, -d で終わる1音節の語です。
　例：lép 美しい　→lépši
　　　mlád 若い　→mlájši（-母音+d＞j）
　-j-をとる形容詞は原級が-ek, -ok, -ak で終わる語と、語幹が1音節で-g, -k, -h で終わる語です。
　例：drág（値段が）高い →drážji（g＞ž）
　　　ózek 狭い　　　　→óžji（z＞ž）
　それ以外の形容詞は-éjš-となります。
　例：nòv 新しい→novéjši
◇最上級は比較級に接頭辞 nàj をつけます。
　例：nàjlépši, nàjmlájši, nàjdrážji, nàjóžji, nàjnovéjši

　　例文：Jánez je staréjši od Tóneta.　ヤネスはトーネより年上だ。
　　　　　Mójca je mlájša kot jàz.　モイツァは私より若い。

　複合形となるのは-ji, -ov, -in, -ski, -ški, -ast, -at, -av で終わる多くの形容詞、及び色彩を表す形容詞です。原級の前に比較級は bôlj、最上級は nàjbolj という語を添えます。
　例：zdràv 健康な　　bôlj zdràv　　nàjbolj zdràv

◇不規則な比較級・最上級をもつものもあります。
　例：vêlik 大きい　　véčji　　nàjvéčji
　　　májhen 小さい　mánjši　nàjmánjši

目的分詞

　目的分詞とは「~しに／~するために」という意味を表します。不定形の -ti, -či から i を取り去るとできます。これは必ず íti, príti, peljáti 等の運動を示す動詞とともに用いられます。

　例文：Grém délat.　私は働きに行く。
　　　　Máša je šlà nakupovát.　マーシャは買い物にでかけた。

数詞の変化　2～5

	2 男	2 中・女	3 男	3 中・女	4 男	4 中・女	5 全性共通
主	dvá	dvé	tríje	trí	štírje	štíri	pét
生	dvéh		tréh		štírih		pêtih
与	dvéma		trém		štírim		pêtim
対	dvá	dvé	trí	trí	štíri	štíri	pét
前	dvéh		tréh		štírih		pêtih
造	dvéma		trémi		štírimi		pêtimi

◇ 6 以上 99 までは pét と同じ語尾を取ります。

30　trídeset　　　70　sédemdeset
40　štírideset　　80　ósemdeset
50　pétdeset　　　90　devétdeset
60　šéstdeset

指示代名詞 tá の造格

	男・中	女
単	tém	tó
双	téma	
複	témi	

新出単語

léto[中]	年	pláča[女]	賃金
drúgi	他の,もう一方の	zadovóljen	満足している
		učênec[男]	生徒
mlád	若い	vêlik	大きい
poklíc	職業	smúčati[不完]	スキーをする
inženír	技師	drág	高い(値段)
iskáti[不完]	探す	ózek	狭い
zaposlítev[女]	仕事,職	zdràv	元気な,健康な
májhen	小さい		

テキスト ヨージェの兄弟

Jóže imá dvá bráta. Èn je staréjši za pét lét kot Jóže, drúgi pa mlájši za dvé léti od Jóžeta. Staréjši bràt je po poklícu inženír in zdàj íšče drúgo zaposlítev.

Mísli, da imá májhno pláčo in ní z njó zadovóljen. Mlájši bràt je šè učênec, pa je najvéčji med témi trémi. Ràd smúča in pláva. Túdi dánes je šèl smúčat.

形容詞

大きい	vêlik	小さい	májhen
広い	širòk	狭い	ózek
高い	visòk	低い	nízek
長い	dólg	短い	krátek
重い	têžek	軽い	láhek
固い	tŕd	柔らかい	méhek
強い	močán	弱い	šíbek
明るい	svêtel	暗い	témen
美しい	lép	醜い	gŕd

訳

　ヨージェには兄弟が二人います．一人はヨージェより五歳年上で，もう一人はヨージェより二歳年下です．お兄さんの職業は技師ですが，今別の職を探しています．賃金が低いと考えていて，それに満足していないからです．弟はまだ生徒ですが，この三人の中で一番大柄です．スキーと水泳が好きです．今日もスキーをしに行きました．

練習問題（解答は 208 ページ）

1　次の形容詞を比較級・最上級に変えなさい．
1) čŕn　　　　2) stàr
3) mlád　　　4) lép
5) vêlik　　　6) ózek
7) drág　　　8) nòv
9) zdràv　　10) rdèč

2　次の日本語をスロヴェニア語に訳しなさい．
1) ヨージェの辞書はトーネの辞書より高い．
2) 昨日は三人の従兄弟たちと一緒にスキーをしに行きました．
3) ヤネスは彼らの中で一番若い．
4) 私の一番上の姉の職業は教師です．
5) 私は自分の賃金に満足しています．
6) 私たちは買い物をしにお店へ行きました．
7) 午前中僕は五人のスロヴェニアの作家に関する本を読みました．
8) 四年前兄はイギリスへ行きました．
9) マーシャの本は私の本より新しい．
10) 私たちはコス教授を探しています．

第 27 課　　27. LEKCIJA

序数詞

1	pŕvi	6	šêsti	11	enájsti
2	drúgi	7	sêdmi	12	dvánajsti
3	trétji	8	ôsmi	13	trínajsti
4	četŕti	9	devêti	14	štírinajsti
5	pêti	10	desêti	15	pétnajsti

◇5以上は基数詞の後ろに －i をつければ序数詞ができます．形容詞と同じ変化です．

月の名称

コンマの後は生格を表します．

1月	január, －ja	7月	júlij, －a
2月	február, －ja	8月	avgúst, －a
3月	márec, －rca	9月	septêmber, －bra
4月	apríl, －a	10月	október, －bra
5月	máj, －a	11月	novêmber, －bra
6月	júnij, －a	12月	decêmber, －bra

日付の表し方

「今日は～月～日です．」という時は，序数詞男性単数主格＋月の名称となります．

　例文：Dánes je šêstnajsti márec.
　　　　今日は3月16日です．

「～月～日に」という時は，序数詞男性単数生格＋月の名称単数生格となります．

　例文：Pêtega februarja je snežílo.
　　　　2月5日は雪が降っていました．

時間の表現　2

「15分」や「45分」を表すときは，4分の1時間を表す četŕt を用いることができます．

　　1 時 15 分　　četŕt na dvé
　　2 時 15 分　　četŕt na trí
　　3 時 15 分　　četŕt na štíri
　　4 時 15 分　　četŕt na pét
　　5 時 15 分　　četŕt na šést
　　6 時 15 分　　četŕt na sédem
　　7 時 45 分　　trí četŕt na ósem
　　8 時 45 分　　trí četŕt na devét
　　9 時 45 分　　trí četŕt na desét
　10 時 45 分　　trí četŕt na enájst
　11 時 45 分　　trí četŕt na dvánajst
　12 時 45 分　　trí četŕt na êno

「～時～分過ぎ」という時には，前置詞 čez を用い，「～時～分前」という時には，前置詞 do を用います．

　　1 時 5 分過ぎ　pét čez êno　　　7 時 5 分前　pét do sédmih
　　2 時 5 分過ぎ　pét čez dvé　　　8 時 5 分前　pét do ósmih
　　3 時 5 分過ぎ　pét čez trí　　　　9 時 5 分前　pét do devétih
　　4 時 5 分過ぎ　pét čez štíri　　 10 時 5 分前　pét do desétih
　　5 時 5 分過ぎ　pét čez pét　　　11 時 5 分前　pét do enájstih
　　6 時 5 分過ぎ　pét čez šést　　 12 時 5 分前　pét do dvánajstih

◇「～時 15 分に／45 分に」，「～時～分過ぎに／前に」という時は前置詞 ob をつける以外に形は変わりません．
　例文：Ob četŕt na devét je Tóne šèl na póšto.
　　　　トーネは8時15分に郵便局へ行きました．
　　　　Ôče se je vrníl ob pét čez devét.
　　　　父は9時5分過ぎに帰って来ました．

— 126 —

新出単語

poprosíti[完]	頼む	čákati[不完]	待つ
naj	〜するように	vlák[男]	列車
počákati[完]	待つ, 出迎える	zamúda[女]	遅れ
želézniški	鉄道の	iméti zamúdo	遅れる
postája[女]	駅	snég[男]	雪
pŕvič	初めて	snežíti[不完]	雪が降る
dogovoríti se[完]	話し合って決める	pôšta[女]	郵便局
dobíti se[完]	会う, 待ち合わせる	vrníti se[完]	帰る

テキスト　駅での待ち合わせ

Sédemnajstega novêmbra je telefoníral Máši njèn brátranec. Rêkel je, da bo prišèl v Ljubljáno čez dvá tédna, pŕvega decêmbra, in poprôsil jo je, naj bi ga prišlà počákat na želézniško postájo, ker bo tàm pŕvič. Dogovoríla sta se, da se bósta dobíla ob tréh.

Bíl je pŕvi decêmber. Ob trí četŕt na trí se je Máša odpeljála z ávtom in ob pét do tréh je žé bilà na postáji. Môrala je tàm čákati êno úro, ker je imél vlák zamúdo zarádi snegá.

今日はどんな天気ですか？	Kákšno vrême je dánes?
今日は・・・	Dánes je....
晴れ	sônčno
曇り	obláčno
雨	dežévno
雪	snéžno
風の強い	vetróvno

訳

　11月17日にマーシャに彼女の従兄弟から電話がありました．従兄弟は二週間後の12月1日にリュブリャーナへやってくると言い，初めてなので駅まで迎えに来てほしいと頼みました．3時に会うことに話し合って決めました．

　12月1日です．マーシャは2時45分に車で出発し，3時5分前にはもう駅につきました．列車が雪のせいで遅れてしまったために，そこで1時間待たなくてはなりませんでした．

練習問題（解答は209ページ）

1　序数詞を17から31まで書きなさい．

2　次の日本語をスロヴェニア語に訳しなさい．
1）トーネは9時10分前に大学にやって来ました．
2）マーシャは駅で2時間待たなくてはなりませんでした．
3）私たちは5時15分に会うことで話し合って決めました．
4）11月2日に私はヨージェに手紙を送りました．
5）兄は8月5日にリュブリャーナへやって来ます．
6）バスが遅れたので，モイツァは9時20分過ぎに大学へやって来ました．
7）彼ら二人はマリボルは初めてでした．
8）兄は1時15分に郵便局から帰ってきました．
9）今日は3月10日です．
10）マーシャの妹は，9月30日に帰ると言いました．

第28課　28. LEKCIJA

副詞の比較級・最上級

　副詞の比較級には単一形と複合形があります。

　単一形は **−še, −je, −éje** の3種類の語尾をつける方法があります。

　−še となる副詞は，原級の語幹が1音節で−b, −p, −d で終わります。

　例：lepó 美しく →lépše

　−je となる副詞は，原級の語幹が1音節で−g, −k, −h で終わるものや，原級が−eko, −oko, −ako となるものが含まれます。

　例：dragó 高く　→drážje

　　　mladó 若く　→ mláje（−母音＋d＞j）

　それ以外の副詞は−éje となります。

　例：nôvo 新しく　→ novéje

◇最上級は比較級の前に接頭辞 nàj を添えます。

　例：nàjlépše, nàjdrážje, nàjmláje, nàjnovéje

　複合形は，比較級で bôlj を，最上級で nàjbolj を前に添えます。

　このような副詞は原級が−ski, −ški, −sko, −ško で終わります。

子音で終わる女性名詞変化　1

	単数	双数	複数
主	pésem	pésmi	pésmi
生	pésmi	pésmi	pésmi
与	pésmi	pésmima	pésmim
対	pésem	pésmi	pésmi
前	pésmi	pésmih	pésmih
造	pésmijo	pésmima	pésmimi

疑問代名詞 káj, kdó の変化

主	káj	kdó
生	čésa	kóga
与	čému	kómu
対	káj	kóga
前	čém	kóm
造	čím	kóm

指示代名詞 tá の与格

	男・中	女
単	tému	téj／tì
双	téma	
複	tém	

◇ tá よりも遠いところにあるものを表すときは tísti その を用います。男性単数主格が tá ではなく tísti である以外は、tís－の部分はそのままに tá と同じ変化をします。
例：与格　tístemu, tístej／tísti；tístema；tístem

特殊な形の命令法　1
　íti 行く の命令法は pôjdi, pôjdiva, pôjdita, pôjdimo, pôjdite となります。
　例文：Pôjdimo na izlèt!　遠足に行きましょう。

新出単語

bôžič[男]	クリスマス	pokázati[完]	見せる
kljúb+与	～にもかかわらず	tísti	その
mnógo	たくさん	izglédati[不完]	(～のように)
kákšen	どんな, どのような		見える
nàjraje	最も好んで	bél	白い
knjigárna[女]	書店, 本屋	katéri	どちらの, どの
zbírka[女]	アンソロジー	bóljši	よりよい
státi[不完]	値段がする	(dóberの比較級)	
pésem[女]	歌, 詩	izlèt[男]	遠足

テキスト　クリスマスプレゼント

Mójca ― A si se žé odločíla, káj bóš dála kómu za bôžič?
Máša ― Mlájši sêstri bóm kupíla knjígo, kljúb tému, da jih imá žé mnógo. Zeló ráda bêre.
Mójca ― Kákšne knjíge ráda bêre?
Máša ― Nàjraje bêre pésmi.
Mójca ― Pôjdiva v knjigárno! Tí kúpiš svóji sêstri zbírko pésmi, jàz pa kúpim brátu román.

Máša ― Kóliko stáne tá zbírka pésmi? Hmm... Ní drága. Mójca, pokáži mi prósim tísto bélo... Hvála. Tá je drážja, àmpak lépše izgléda. Ne vém, katéra knjíga je bóljša.

訳

モイツァ：クリスマスに誰に何をあげるか決めた？
マーシャ：妹には本を買うつもりよ．もう本はいっぱいもっているんだけど．読書が大好きなの．
モイツァ：どんな本を読むのが好きなの？
マーシャ：詩を読むのが一番好きね．
モイツァ：本屋さんへ行きましょうよ．あなたは妹さんに詩集を買って，私は兄に小説を買うから．

・・

マーシャ：この詩集はいくらかな？うーん．高くないわね．モイツァ，その白いの見せて...ありがとう．こっちの方が高いけどきれいだわ．どっちの本がいいのかわからないな．

練習問題（解答は209ページ）

I　次の日本語をスロヴェニア語に訳しなさい．
 1）この白いテーブルはその黒いテーブルより高い．
 2）トーネは弟に詩集を買ってあげました．
 3）銀行へ行きなさい．
 4）何を食べるのが嫌いなの？
 5）僕の兄は読書が好きですが，小説を読むのが一番好きです．
 6）この辞書はその辞書よりよい．
 7）この椅子はその椅子よりきれいに見える．
 8）何について話しているの？
 9）昨日は誰とコンサートへ行ったのですか？
 10）誰に手紙を書いたのですか？

第29課　29. LEKCIJA

受動分詞

受動分詞は必ず他動詞から作られ、動詞 bíti と組み合わせて、「～された」という意味を表します。

不定法が－ati で終わる動詞は受動分詞が**－an** となります。

例：napísati → napísan

不定法が－iti で終わる動詞は受動分詞が**－en** となります。

例：govoríti　　→ govorèn
　　okrasíti　　→okrašèn (s＞š)
　　razsvetlíti　→ razsvetljèn (l＞lj)

不定法が－iti, －eti, －uti で終わる若干の動詞は受動分詞が**－t** となります。

例：začéti　　　→začét

例文：Tó písmo je žé napísano.
　　　この手紙はもう書き上がっています。
　　　Célo mésto je lepó okrašêno in razsvetljêno.
　　　町中がきれいに飾りつけられ、ライトアップされています。

◇「～によって」を表すときには od＋生格とします。

子音で終わる女性名詞変化　2

	単数	双数	複数
主	cérkev	cérkvi	cérkve
生	cérkve	cérkev, cerkvá	cérkev, cerkvá
与	cérkvi	cérkvama	cérkvam
対	cérkev	cérkvi	cérkve
前	cérkvi	cérkvah	cérkvah
造	cérkvijo	cérkvama	cérkvami

◇26課の zaposlítev もこのタイプの変化をします。

関係代名詞 ki

　この代名詞は先行語にあわせて性と数を,従属文の中の役割によって格を決定します.

　従属文の中で主語の役割を果たすときは ki のままですが,それ以外の格は人称代名詞3人称の変化形と組み合わせます.

　　例文：Včéraj sem na postáji vídela fánta, ki je bíl na zabávi pri Máši.
　　　　昨日私はマーシャの家のパーティーにいた男の子を駅で見かけました.
　　　　Gospód, ki ga vídiš, je profésor Kòs.
　　　　君の見ている紳士がコス教授だよ.

　前置詞を伴うときと生格のときは katéri を用い,前置詞の支配する格にあわせたり,生格にします.

　　例文：Kupíl sem knjígo, o katéri si govoríla.
　　　　君の話していた本を買ったよ.
　　　　Vídela sem tó deklè, s katérim se je pogovárjal Tóne v kavárni.
　　　　トーネが喫茶店で話していた相手のお嬢さんを見かけました.
　　　　Mójca, katére slovár sem si izposódil, je žé napísala referát.
　　　　僕が借りた辞書の持ち主のモイツァは,もうレポートを書き上げました.

手紙の書き方2 （改まった場合）

　ví の間柄の相手に手紙を書くときは,「拝啓」にあたる Spoštováni～／Spoštována～で書き出します.前者は相手が男性のときに,後者は相手が女性のときに用います.～には相手の名前もしくは名字を敬称をつけて入れます.

　書き終わりは,S spoštovánjem,としたあとに差出人の名前を書きます.

新出単語

spoštován	尊敬する	božíčen	クリスマスの
účbenik[男]	教科書	drevó[中]	木
okrasíti[完]	飾る	priredítev[女]	催し物
živáhno	にぎやかに	predstáva[女]	演劇，演目
Prešéren	プレシェーレン	razstáva[女]	展覧会
tŕg[男]	広場	spoštovánje[中]	敬意
postáviti[完]	立てる	s spoštovánjem	敬具
razsvetlíti[完]	光をあてる	cérkev[女]	教会
	ライトアップする	ki	～するところの

―― テキスト　手紙（コス教授へ）――

Spoštováni profésor Kòs,
　najlépša hvála za účbenik, ki mi velíko pomága.
　Prišèl je božíčni čàs in túkaj je vsè lepó okrašêno in zelò živáhno. Na Prešérnovem tŕgu je postávljeno in razsvetljêno božíčno drevó. Zdàj imámo razlíčne priredítve : koncêrte, predstáve in razstáve.
　Túdi Tóne vám pošílja pozdráve.

　　　　　　　　　　　　　　S spoštovánjem,
　　　　　　　　　　　　　　Mójca Hríbar.

クリスマスカード．"Vesel Božič in srečno novo leto"「楽しいクリスマスを，そして幸福な新年を」

訳

拝啓　コス教授，

　教科書をありがとうございます．大変助かります．

　クリスマスシーズンがやってきました．こちらは全てが美しく飾りつけられとても賑やかです．プレシェーレン広場にはクリスマスツリーが立てられ，ライトアップされています．今はコンサート，演劇，展覧会といろいろな催し物があります．

　トーネからもよろしくとのことです．

敬　具
モイツァ・フリバル

練習問題（解答は 209 ページ）

I　次の日本語をスロヴェニア語に訳しなさい．

1) モイツァはお兄さんが欲しがっていた本を送りました．
2) クリスマスシーズン中リュブリャーナ全体がきれいに飾りつけられていました．
3) 教科書はもうモイツァに送られました．
4) 私たちはさまざまなクリスマスの催し物について話し合いました．
5) 机の上にマーシャの書いた手紙が二通あります．
6) その本はトーネに与えられました．
7) きのう僕はマーシャが話していた詩集を買いました．
8) わたしはヨージェと展覧会へ行きました．
9) 雨にもかかわらず町は賑やかでした．
10) この教科書はコス教授によって書かれました．

第30課　30. LEKCIJA

数詞 èn の変化

	男	中	女
主	èn	êno	êna
生	ênaga		êne
与	ênemu		êni
対	èn（不活），ênega（活）	êno	êno
前	ênem		êni
造	ênim		êno

◇男性単数主格には èn の他に êden という形もあります．→ p.158

子音で終わる女性名詞変化　3

	単数	双数	複数
主	stvár	stvarí	stvarí
生	stvarí	stvarí	stvarí
与	stvári	stvaréma	stvarém
対	stvár	stvarí	stvarí
前	stvári	stvaréh	stvaréh
造	stvarjó	stvaréma	stvarmí

特殊な形の命令法　2

　vzéti 取る は現在時制で vzámem, vzámeš, vzáme...という変化をします．

　その命令法は vzêmi, vzêmiva, vzêmita, vzêmimo, vzêmite という特殊な形になります．

不規則変化 gospá

	単数	双数	複数
主	gospá	gospé	gospé
生	gospé	gospá	gospá
与	gospé	gospéma	gospém
対	gospó	gospé	gospé
前	gospé	gospéh	gospéh
造	gospó	gospéma	gospémi

複数形名詞 ljudjé

主	ljudjé
生	ljudí
与	ljudém
対	ljudí
前	ljudéh
造	ljudmí

指示代名詞 tá の生格

	男・中	女
単	téga	té
双	téh	
複	téh	

接頭辞 pre−

この接頭辞は形容詞や副詞につけると「〜すぎる」という意味になります．
例：môčen 強い　→premôčen 強すぎる
　　zgódaj 早く　→ prezgódaj 早すぎて

新出単語

letalíšče[中]	空港	premôčen	強すぎる
mnóg	多くの	vzéti[完]	（手に）取る
ljudjê[男複]	人々	sládkor[男]	砂糖
Fráncija[女]	フランス	prôšnja[女]	頼み
odletéti[完]	飛び立つ	stvár[女]	事，物
letálo[中]	飛行機	sèm	ここへ
seznániti se[完]	知り合う	môčen	強い
prezgódaj	早すぎて	kdáj	いつ

テキスト　空港で

　Na letalíšču je živáhno, ker je tàm mnógo ljudí. Med njími je Mójca in bêre revíjo.
　K njej príde Jánez, s katérim se je seznánila pri Máši.
Jánez　—Žívjo, Mójca.
Mójca—Ó, Jánez, žívjo. Káj délaš túkaj ?
Jánez　—Grém v Fráncjo obískat prijátelja. Káj pa tí ?
Mójca—Čákam bráta. Kdáj odletí tvóje letálo ?
Jánez　—Čez dvé úri. Prišèl sem prezgódaj.
Mójca—Jàz móram túdi čákati šè êno úro, ker imá letálo zamúdo.
Jánez　—A gréva na kávo ?
Mójca—Veljá.

Mójca—Té káve ne máram. Premôčna je.
Jánez—Vzêmi mój sládkor. Mímogredé, imám prôšnjo. A lahkó póšlješ tó písmo gospé Župančič ?
Mójca—Já, lahkó.
Jánez—Šè êna stvár. A mi lahkó píšeš ?
Mójca—Dôbro. Napíši sèm tvój naslòv v Fránciji.

---訳---

　空港は大勢の人がいるので賑やかです．そのなかにはモイツァがいて，雑誌を読んでいます．彼女の方へマーシャのところのパーティーで知り合ったヤネスがやって来ました．

ヤネス：　こんにちは，モイツァ．
モイツァ：あら，こんにちは，ヤネス．ここで何をしているの？
ヤネス：　友達を訪ねにフランスへ行くんだ．君は？
モイツァ：兄を待っているの．あなたの飛行機はいつ発つの？
ヤネス：　二時間後に．早く来すぎちゃった．
モイツァ：私もあと一時間待たなくてはならないの．飛行機が遅れているものだから．
ヤネス：　コーヒーでも飲みにいかない？
モイツァ：そうしましょう．

- -

モイツァ：このコーヒー嫌い．強すぎる．
ヤネス：　僕の砂糖取りなよ．ところでお願いがあるんだけど．この手紙をジュパンチチさんに送ってくれる？
モイツァ：ええ，いいわよ．
ヤネス：　それからもう一つ．僕に手紙書いてくれる？
モイツァ：わかったわ．ここにフランスの住所を書いて．

練習問題（解答は 210 ページ）

Ⅰ　次の日本語をスロヴェニア語に訳しなさい．
　1）昨日私はジュパンチチ夫人と電話で話しました．
　2）列車は一時間（対格）遅れています．
　3）モイツァはその男の子の隣にいます．
　4）私の飛行機は三時間後に離陸します．
　5）二つお願いがあります．
　6）パーティーで知り合った人達の話をして．
　7）私たちはバスで空港へ行きました．
　8）このお茶は好きではありません．
　9）私に手紙を送ってくれませんか？
　10）叔父はいろいろなものを持って（共に）家へ来ました．

まとめと応用　6

子音で終わる女性名詞変化

単数	主	pésem	cérkev	stvár
	生	pésm-i	cérkv-e	stvar-í
	与	pésm-i	cérkv-i	stvár-i
	対	pésem	cérkev	stvár
	前	pésm-i	cérkv-i	stvár-i
	造	pésm-ijo	cérkv-ijo	stvar-jó
双数	主	pésm-i	cérkv-i	stvar-í
	生	pésm-i	cérkev, cerkv-á	stvar-í
	与	pésm-ima	cérkv-ama	stvar-éma
	対	pésm-i	cérkv-i	stvar-í
	前	pésm-ih	cérkv-ah	stvar-éh
	造	pésm-ima	cérkv-ama	stvar-éma
複数	主	pésm-i	cérkv-e	stvar-í
	生	pésm-i	cérkev, cerkv-á	stvar-í
	与	pésm-im	cérkv-am	stvar-ém
	対	pésm-i	cérkv-e	stvar-í
	前	pésm-ih	cérkv-ah	stvar-éh
	造	pésm-imi	cérkv-ami	stvar-mí
		L. 28	L. 29	L. 30

特殊な形の命令法

　poglédati： pogléj, pogléjte... → L. 18
　íti：　　　 pôjdi, pôjdite...　 → L. 28
　vzéti：　　 vzêmi, vzêmite... → L. 30
　bíti：　　　bódi, bódite...

不規則変化名詞

単数	主	dán	gospá
	生	dné, dnéva	gospé
	与	dnévu	gospé
	対	dán	gospó
	前	dné, dnévu	gospé
	造	dném, dnévom	gospó
双数	主	dnéva, dní	gospé
	生	dní, dnévov	gospá
	与	dnévoma, dnéma	gospéma
	対	dní, dnéva	gospé
	前	dnéh, dnévih	gospéh
	造	dnéma, dnévoma	gospéma
複数	主	dnévi	gospé
	生	dní, dnévov	gospá
	与	dném, dnévom	gospém
	対	dní, dnéve	gospé
	前	dnéh, dnévih	gospéh
	造	dnémi, dnévi	gospémi
		→ L. 25	→ L. 30

目的分詞 → L. 26

不定形の -ti, -či から -i を取る．必ず運動を示す動詞と共に用いる．

例文：Jánez je šèl smúčat.
　　　ヤネスはスキーをしに行きました．
　　　Mójca je šlà nakupovát.
　　　モイツァは買い物をしに行きました．

形容詞比較級・最上級→L. 26

		原級	比較級	音交替／例
単一形	語幹が1音節 −b, −p, −d		−š−	lép →lépši mlád→mlájši 母音+d>j gŕd→gŕši 子音+d>φ
	−ek, −ok, −ak 語幹が1音節 −g, −k, −h		−j−	globòk→glóblji b+j>blj drág→drážji g>ž, k>č, h>š
	それ以外		−éjš−	nòv→novéjši
複合形	−ji, −ov, −in, −ski, −ški, −ast, −at, −av 色彩を表す形容詞		bôlj	dívji→bôlj dívji zdràv→bôlj zdràv čŕn→bôlj čŕn
不規則	dóber dólg láhek májhen／máli vêlik			bóljši dáljši lážji mánjši vêčji

◇最上級は比較級に接頭辞 nàj− をつけます.
　例文：Máša je mlájša kot／kàkor Mójca.
　　　　　　　　　od Mójce.
　　　　マーシャはモイツァよりも年下です．
　　　　Čím véčji, tém bóljši.
　　　　大きければ大きいほどよい．
　　　　NUK je nàjvéčja od／izmed vsèh knjížnic.
　　　　　　　　　med vsêmi knjížnicami.
　　　　NUK(国民大学図書館)はすべての図書館の中で最も大きいです．
◇ gŕd：醜い，globòk：深い，dívji：野生の；
　 láhek：軽い，máli：májhen 小さい の限定形

副詞比較級・最上級

	原級	比較級	音交替／例
単一形	語幹が1音節 −b, −p, −d	−še	lepó→lépše
	−eko, −oko, −ako	−e (文語)	visôko→víšje, víše drágo→drážje, dráže
	語幹が1音節 −g, −k, −h	−je	g>ž, k>č, h>š mladó>mláje 　　　　母音＋d→d>j hudó>húje　子音＋d→d>∅
	それ以外	−éje−	nôvo→novéje
複合形	−ski, −ški, −sko, −ško	bôlj	umétniško→ bôlj umétniško

◇最上級は比較級に接頭辞 nàj− をつけます．

◇visôko：高く，hudó：ひどく，umetníško：芸術的に

代名詞 tá, vès

	単数			双数		複数		
	男	中	女	男	中・女	男	中	女
主	tá	tó	tá	tá	tí	tí	tá	té
生		téga	té		téh		téh	
与		tému	téj, tì		téma		tém	
対	tá(不活) téga（活）	tó	tó	tá	tí	té	tá	té
前		tém	téj, tì		téh		téh	
造		tém	tó		téma		témi	
主	vès	vsè	vsà	vsà	vsì	vsí	vsà	vsì
生		vsegà	vsè		vsèh		vsèh	
与		vsemù	vséj		vsèma		vsèm	
対	vès(不活) vsè vsegà（活）	vsè	vsò	vsà	vsì	vsè	vsà	vsè
前		vsèm	vséj		vsèh		vsèh	
造		vsèm	vsò		vsèma		vsèmi	

受動分詞→L. 29

不定形	受動分詞	子音交替／備考	例
−ati	−an		napísati→napísan
−iti	−en	t, c>č； g, z>ž； h, s>š； sk, st>šč； d>j；r>rj； l>lj；n>nj； m>mlj；sl>šlj； p>plj；b>blj； f>flj；v>vlj	uvozíti→uvóžen okrasíti→okrašèn čístiti→číščen zgradíti→zgrajèn premísliti 　　→premíšljen povábiti→povábljen
−či −子ti			pêči→pečèn plêsti→pletèn prevêsti→prevedèn
−iti −eti −uti	−t	このタイプは 数が少ない	razbíti→razbít začéti→začét obúti→obút

例文：Tá slovár je kúpljen včéraj.
　　　この辞書は昨日購入された．
　　　Tá knjíga je prevedêna na slovénščino.
　　　この本はスロヴェニア語に翻訳されている．
　　　Napísano písmo je na mízi.
　　　書き上がった手紙は机の上だ．
◇uvozíti：輸入する，čístiti：掃除する，zgradíti；建てる，
　premísliti：熟考する，pêči：焼く，plêsti：編む，
　prevêsti：翻訳する，razbíti：発展させる，začéti：始める，
　obúti：靴を履かせる

単語

季節
春	pomlád[女]	春に	spomládi
夏	polétje[中]	夏に	poléti
秋	jesén[女]	秋に	jeséni
冬	zíma[女]	冬に	pozími

方角
東	vzhòd[男]	東に	na vzhódu
西	zahòd[男]	西に	na zahódu
南	júg[男]	南に	na júgu
北	séver[男]	北に	na séveru

表現

年齢
−Kóliko ste stári?
　おいくつですか？
−Stàr sem pétindvájset lét.
　25歳です．

−Kóliko je stára váša hčérka?
　あなたの娘さんはいくつですか？
−Stára je dvánajst lét.
　12歳です．

職業
−Káj ste po poklícu?
　ご職業は何ですか？
−Po poklícu sem zdravník.
　医者です．

文 法 補 遺

名　　詞

男性名詞

－ov－による語幹の拡大

単数主格が1音節の男性名詞の多くが，双数と複数で語幹が－ov－によって拡大する．

例：móst 橋

	単数	双数	複数
主	móst	most-óv-a	most-óv-i
生	móst-a most-ú*	most-óv	most-óv
与	móst-u	most-óv-oma	most-óv-om
対	móst	most-óv-a	most-óv-e
前	móst-u	most-óv-ih	most-óv-ih
造	móst-om	most-óv-oma	most-óv-i

＊単数主格が1音節の男性名詞の中には単数生格で語尾－ú となるものがある．この語尾には必ずアクセントが置かれる．

例：grád 城－単生 gradú, gráda；複主 gradóvi
　　mír 平和－単生 mirú, míra
　　nós 鼻－単生 nosú, nósa；複主 nosóvi
　　sín 息子－単生 sína, sinú；複主 sinóvi

móž（活）夫, zób（不活）歯 の変化

	単数		双数		複数	
主	móž	zób	móža	zóba	možjé	zobjé
生	možá	zobá	móž_	zób_	móž_	zób_
与	móžu	zóbu	možéma	zobéma	možém	zobém
対	možá	zób	móža	zóba	možé	zobé
前	móžu	zóbu	možéh	zobéh	možéh	zobéh
造	móžem	zóbom	možéma	zobéma	možmí	zobmí

下線部が基本的な変化語尾と異なる．

otròk こども の変化

	単数	双数	複数
主	otròk	otrôka	otrôci
生	otrôka	otrók_	otrók_
与	otrôku	otrôkoma	otrôkom
対	otrôka	otrôka	otrôke
前	otrôku	otrôcih	otrôcih
造	otrôkom	otrôkoma	otrôki

双数・複数生格でゼロ語尾となり，複数主格および前置格でkがcに交替する．

中性名詞

複数形名詞　tlà　床　の変化

主	tlà
生	tál
与	tlóm
対	tlà
前	tléh
造	tlémi, tlí

双数／複数生格形

中性名詞の双数／複数生格の基本変化はゼロ語尾になる．

a) 語末が－無声子音字＋有声子音字で終わっている場合は出没母音の－e－が挿入される．例：písmo　手紙 → písem；ôkno　窓 → óken

b) 単数主格が－jeで終わる語は，jの前に－i－を挿入する．
例：mórje　海 → mórij

c) －lj, －nj の間には－i－は挿入されない．例：pôlje　畑 → pôlj, stanovánje　住まい → stanovánj

女性名詞

単数主格　－a型の双数／複数生格形

a) 規則どおりのゼロ語尾とならんで，語尾－aをとる語が若干ある．
例：dežêla　田舎 → dežêl, dežêlá

b) beséda だけはゼロ語尾以外に語尾－iをとる．beséda　単語 → beséd, besedí

c) ゼロ語尾にした場合，母音で終わる語には－jが添えられる．例：área 区域 → árej

d) 語末が-無声子音字+有声子音字で終わっている場合は出没母音の-e-が挿入される。例：káplja 滴 → kápelj

  語末が無声子音文字2つ、もしくは有声子音文字2つの時は、普通-e-は挿入されない。例：zalóžba 出版社 → zalóžb, továrna 工場 → továrn, hrúška 梨 →hrúšk, máčka 猫 →máčk

  -有声子音字+rは例外で、-e-が挿入される。例：kámra クローゼット → kámer

  e) 単数主格が-jaおよび-子音字+指小語尾caで終わる語は、jの前に-i-を挿入する。例：ládja 船 →ládij, lúčca 明かり →lúčic

  f) -lj, -njの間には-i-は挿入されない。例：mrávlja 蟻 → mrávelj

  g) 複数形でアクセントが語尾にあるいくつかの語では-a-が挿入される。
  例：deskã 板 → desák, dèsk, ôvca 羊 → ovác, ôvc

格の用法
主格：前置詞と共に用いられることはない．

主語	Mójca živí v Ljubljáni.
	モイツァはリュブリャーナに住んでいる．
bíti と共に述語	Tó je študènt. これは学生です．
呼びかけ	Tóne, káj je tó? トーネ、これは何ですか？

生格

前置詞なし	所有	Tó je slovár mójega bráta.
		これは私の兄の辞書です．
	否定 直接目的	Jóže ne studíra medicíne.
		ヨージェは医学を勉強していません．

前置詞なし	否定 存在	Máše ni domá. マーシャは家にいません。	
	数量	Kóliko študêntov je túkaj? ここには学生は何人いますか？	
	部分	Dájte mi čája. お茶を少しください。	
	時間	Pêtnajstega decêmbra bo prišêl mój bràt. 12月15日に兄がやって来ます。	
前置詞と共に	blízu ～の近くに	Kavárna je blízu postáje. 喫茶店は駅の近くにあります。	
	brez ～なしで	Píjem kávo brez sladkórja. 私は砂糖なしでコーヒーを飲みます。	
	do ～まで	A gréva do postáje? 駅まで行きましょうか？	
	iz ～(の中)から	Jóže prihája iz Máribora. ヨージェはマリボル出身です。	
	izmed ～の間から	Lúna posíje izmed oblákov. 月が雲の間から照っています。	
	iznad ～の上から	Iznad stréh se súka dìm. 屋根の上から煙がもくもくとうずまいています。	
	izpod ～の下から	Vôda têče izpod skále. 崖の下から水が流れています。	
	izpred ～の前から	Ávtobus odpélje izpred gostílne. バスはパブの前から出発します。	
	izza ～の後ろから	Vstál je izza míze. 彼はテーブルの向こうから立ち上がりました。	
	mímo ～の側を過ぎて	Mójca je šlà mímo šóle. モイツァは学校の側を通り過ぎました。	
	namésto	Pôjdi tjà namésto mêne.	

— 151 —

前置詞と共に	～のかわりに	私のかわりにそこへ行きなさい.
	od	Prišlõ je písmo od prijátelja.
	～から	友人から手紙が来ました.
	okóli	Tóne je poglédal okóli sêbe.
	～のまわりに	トーネは自分の回りをぐるりと見回しました.
	～ぐらいに	Prišèl je okóli／okróg pêtih.
	＝okróg	彼は5時頃来ました.
	póleg	Stál je póleg mêne.
	～の隣に	彼は私のとなりに立っていました.
	～に加えて	Déla v továrni, póleg téga študíra na univêrzi.
		彼は働いている上に，大学で学んでいる.
	preko	Glédala je preko gláv.
	～を通して	彼女は頭越しに見つめていました.
	rázen	Vsì rázen mêne so tàm bíli.
	～以外に	私以外のみんなはそこにいました.
	srédi	Srédi mésta je mnógo trgovín.
	～のまんなかに	町の中心にはお店がたくさんあります.
	s／z*	Véter mu je odnésel klobúk z gláve.
	～（の上）から	風は彼の頭から帽子を吹き飛ばしました.
	zarádi	Zarádi bolézni sem ostál domá.
	～のために	病気のせいで僕は家に残っていました.
	zráven	Cérkev je zráven šóle.
	～の隣に	教会は学校の隣にあります.

＊次に母音字あるいは有声子音字がくる時はzと，無声子音字がくる時はsと綴る.
　例：s pôšte　郵便局から／z univêrze　大学から

◇生格の用法としては上記以外に，次のような例も知られている．
　Katéri klobúk hôčete? Téga ali ónega?
　どちらの帽子が欲しいですか．これ（この帽子）ですかそれ（その帽子）ですか．
　−Katéro víno naj prinêsem?
　どちらのワインをおもちしましょうか．
　−Prinesíte rdéčega.
　赤ワインを持ってきてください．
　このように，前の文を受けて男性及び中性名詞が省略された形で代名詞や形容詞を用いる場合，想定される対格のかわりに生格が現れる傾向が見られる．

与格

前置詞なし	間接目的	Mójca je napísala Tónetu písmo. モイツァはトーネに手紙を書きました．
前置詞と共に	k／h* 〜(の方)へ kljúb 〜にもかかわらず proti 〜(の方向)へ 〜に対して	Grém k zdravníku. 私は医者に行くところです． Kljúb dežjù je šèl na koncêrt. 雨にもかかわらず彼はコンサートに行きました． Dìm se vzdigúje proti nebú. 煙が空へと上がってゆきます． Tô so tabléte proti glavobólu. これは頭痛薬です．

＊次に g または k の文字で始まる語が続く時，h と綴る．
　例：h Grégorju　グレーゴルの所へ／k Tomášu　トマーシュの所へ

対格

前置詞なし	直接目的	Ráda píjem kávo. 私はコーヒーを飲むのが好きです.
	時間	Čákal sem êno úro. 僕は1時間待っていました.
前置詞と共に	čez 〜を越えて 〜後に	Máša gré čez móst. マーシャは橋をわたっています. Vŕnem se čez desét minút. 10分後に戻ります.
	med 〜の間へ	Lúna se skríje med obláke. 月が雲の間へ隠れようとしています.
	na 〜(の上)へ	Šlì so na dežêlo. 彼らは田舎へ行きました.
	nad 〜の上方へ	Balón se je dvígnil nad obláke. 風船は雲の上へ飛んで行きました.
	ob 〜とぶつかって	Udáril je s péstjo ob mízo. 彼はこぶしを机に打ちつけました.
	po 〜を求めて	Poslál sem Sášo po zdravníka. 僕はサーシャに医者を呼びに行かせました.
	pod 〜の下へ	Zlézel je pod mízo. 彼はテーブルの下へ這って行きました.
	pred 〜の前へ	Položíl sem knjígo pred Mójco. 僕はモイツァの前に本を置きました.
	skôz(i) 〜を通して	Skôzi zavése prihája svetlôba. カーテンを通して光が差し込んでいる.
	v 〜(の中)へ	Grémo v šólo. 私たちは学校へ行きます.

zóper 〜に反対して	Sem zóper tó. 私はこれに反対です.

前置格 必ず前置詞と共に用いられる.

na 〜(の上)に	Svínčnik je na mízi. 鉛筆は机の上にあります.
o 〜について	Govoríli smo o izpítih. 私たちは試験について話しました.
ob 〜時に 〜際に	Koncêrt se je začél ob sêdmih. コンサートは7時に始まりました. Ob sténah stojíjo políce. 壁際に棚が立っています.
po 〜中を 〜後に	Sprehájal se je po méstu. 彼は町中を散歩しました. Po pêtih létih ga pŕvič vídim. 彼に会うのは5年ぶりです.
pri 〜のそばに 〜のところに	Mójca je stála pri ôknu. モイツァは窓の側に立っていました. Včéraj sem bíl pri brátu. 昨日は兄のところにいました.
v 〜(の中)に	Stanújem v Ljubljáni. 私はリュブリャーナに住んでいます.

造格 必ず前置詞と共に用いられる．

med 〜の間に	Sêstra stojí med brátoma. 姉は弟たちの間に立っています．
nad 〜の上方に	Sónce je nad obzórjem. 太陽は地平線の上にあります．
pod 〜の下に	Sedéli smo pod drevésom. 私たちは木の下に座っていました．
pred 〜の前に	Čákal sem jo pred gledalíščem. 僕は劇場の前で彼女を待っていました．
s/z* 〜と 〜で	Rád píjem kávo z mlékom. 僕はミルクコーヒーを飲むことが好きです． Máša je prišlà z vlákom. マーシャは列車でやって来ました．
za 〜の後ろに	Za híšo imájo lép vŕt. 家の裏は美しい庭です．

＊次に母音字あるいは有声子音字がくる時は z と，無声子音字がくる時は s と綴る．
　s sladkórjem 砂糖を入れて／z mlékom ミルクを入れて

数　詞

	基数詞	序数詞
0	nìč	níčti
1	èn, êden, êno, êna	pŕvi
2	dvá, dvé	drúgi
3	tríje, trí	trétji
4	štírje, štíri	četŕti
5	pét	pêti
6	šést	šêsti
7	sédem	sêdmi
8	ósem	ôsmi
9	devét	devêti
10	desét	desêti
11	enájst	enájsti
12	dvánajst	dvánajsti
13	trínajst	trínajsti
14	štírinajst	štírinajsti
15	pétnajst	pétnajsti
16	šéstnajst	šéstnajsti
17	sédemnajst	sédemnajsti
18	ósemnajst	ósemnajsti
19	devétnajst	devétnajsti
20	dvájset	dvájseti
25	pétindvájset	pétindvájseti
30	trídeset	trídeseti
40	štírideset	štírideseti
50	pétdeset	pétdeseti
60	šéstdeset	šéstdeseti
70	sédemdeset	sédemdeseti
80	ósemdeset	ósemdeseti

90	devétdeset	devétdeseti
100	stó	stôti
200	dvésto	dvéstoti
300	trísto	trístoti
400	štíristo	štíristoti
500	pétsto	pétstoti
600	šéststo	šéststoti
700	sédemsto	sédemstoti
800	ósemsto	ósemstoti
900	devétsto	devétstoti
1,000	tísoč	tísoči
2,000	dvá tísoč	dvátísoči
3,000	trí tísoč	trítísoči
4,000	štíri tísoč	štíritísoči
5,000	pét tísoč	péttísoči
10,000	desét tísoč	deséttísoči
100,000	stó tísoč	stótísoči
1,000,000	milijón	milijónti
2,000,000	dvá milijóna	dvámilijónti
3,000,000	tríje milijóni	trímilijónti
4,000,000	štírje milijóni	štírimilijónti
5,000,000	pét milijónov	pétmilijónti
10,000,000	desét milijónov	desétmilijónti
100,000,000	stó milijónov	stómilijónti
1,000,000,000	milijárda	milijárden

èn と êden

èn の後には次に男性名詞が続くのに対して、êden は単独で用いられる。
例文：Èn sám gospód je prišèl.
　　　たった一人の男の人がやって来ました。
　　　Imá pét otrók, pa je le êden njêmu podóben.
　　　彼には五人のこどもがいますがたった一人だけ彼に似ています。

1~99 の格変化 → p. 122, p. 137

stô 百 の変化

主	stô
生	stôtih
与	stôtim
対	stô
前	stôtih
造	stôtimi

tísoč 千 は普通不変化.

milijón は男性名詞無語尾硬変化型 (dežník) と同じように, milijárda は女性名詞有語尾硬変化型 (prtljága) と同じように変化する.

分数

1／2　êna polovíca
1／3　êna tretjína
1／4　êna četrtína, èn četŕt
1／5　êna petína
1／10　êna desetína

小数

1.3　êna céla trí
2.45　dvé céli pétinštírideset
3.56　trí céle šéstinpétdeset
5.876　pét célih ósem stó šéstinsédemdeset

~回

「~回」を表すときは, 基数詞に接尾辞~kratをつける.
例文：Píšem stáršem ênkrat na mésec.

私は月に1度両親に手紙を書きます.
Dánes sem ga tríkrat vídel.
今日僕は彼に3回会いました.
この形は「〜倍」という意味でも用いる.
例文：Òn je dvákrat staréjši od mêne.
彼は私より2倍年上です.

〜回目
「〜回目」を表すときは，序数詞に接尾辞〜ič をつける.
例文：Pŕvič sem v Ljubljáni.
私はリュブリャーナは初めてです.
◇この形は「第1に」，「第2に」...という意味でも用いる.

集合数詞
1　enójen
2　dvój*
3　trój*
4　četvér
5　petér

＊種類を表すときは dvójen, trójen という形も用いる.
4以上は基数詞に接尾辞〜ér をつける.
この数詞は，複数形名詞を数えるときと種類を表すときに用いる.
例文：Pripéljali so se v dvójih sánjah.
彼らは2台のそりに乗ってやって来ました.
V téj gostílni točíjo tróje víno.
このパブでは3種類のワインを醸造している.

◇集合数詞は文語では形容詞と同じ変化をするが，口語では不変化で，−oje，−ero で終わる. 主格か対格として用いられるときは，複数生格を取り，それ以外の格として用いられるときは，名詞のみを複数でその格にする.

Pripéljali so se v dvóje sánjah.
V téj gostílni točíjo tróje vín.

— 160 —

動　　詞

副動詞～しながら／～した後で

	語尾	語幹	例／備考
現在	－e	現在語幹－子音	mísliti：míslim, mísliš...→mislé nêsti：nêsem, nêseš...→nesé
	－je	現在語幹－母音	délati：délam, délaš...→délaje 必ず不完了体動詞から作られる。 不規則　íti：grém, gréš...→gredé －ovati は現在語幹を基にした－uje よりも不定形を基にした－ovaje となる傾向がある。
過去	－ši	過去語幹－子音	rêči：rékel, rêkla...→rékši sédeti：sédel, sédla...→sédši
	－vši	過去語幹－母音	pozabíti：pozábil...→pozabívši dvígniti：dvígnil...→dvígnivši 必ず完了体動詞から作られる。

例文：
Tó bom igráje narédil v pól úre.
そんなことは遊びながら半時間でやってみせるさ。
Tó délo lahkó oprávljaš sedé.
この仕事はすわりながらできるよ。
Sédši k mízi, so začéli jésti.
彼らは食卓に着くと食べ始めました。
◇現代のスロヴェニア語ではほとんど用いられない。

能動形動詞　〜している

語尾	3人称単数現在	例／備考
−jóč	−a −je	délati：déla→delajóč kupováti：kupúje→kupujóč
−óč	−e	nêsti：nêse→nesóč bráti：bêre→beróč
−éč	−i	mísliti：mísli→misléč sédeti：sédi→sedéč

例：dežêla vzhajajóčega sónca
　　太陽の昇る国（＝日本）

動詞の体の基本的用法

不完了体

1　発話時に行われている動作
　例文：Káj délaš?
　　　　何をしているの？
　　　　Bêrem knjígo.
　　　　本を読んでいるんだ．
2　くりかえし
　例文：Jánez mi vsák téden pošílja písma.
　　　　ヤネスは毎週手紙を送ります．
3　継続
　例文：Êno úro smo čákali vlák.
　　　　私たちは1時間列車を待っていた．
◇začéti 始める，néhati やめる　とともに用いられる不定形は必ず不完了体．

例文：Začél je pisáti písmo.
　　　彼は手紙を書き始めた．
　　　Néhala je kupováti cigaréte.
　　　彼女はタバコを買うのをやめました．

完了体
1　1回限りの具体的動作
　例文：Dánes sem kupíl zvézek.
　　　今日僕はノートを買った．
2　動作の開始
　例文：Otròk je zaspál ob ôsmih.
　　　子供は8時に寝入りました．
3　動作の終了
　例文：Pomíla sem posódo in odšlà na sprehòd.
　　　私は食器を洗い終えてから，散歩に行きました．

◇定期的にくりかえし行われる動作を表す場合でも，くりかえしを強調したり結果に重点が置かれる時には，完了体が用いられる．
　例文：Jánez mi vsák téden póšlje kákšno písmo.
　　　ヤネスは毎週何らかの手紙を送ります．

不完了体の例文2のように，目的語を複数形にすると不完了体が，単数形にすると完了体が用いられる．

運動の動詞

不完了体動詞の中には，「行く」，「運ぶ」などを意味する動詞で，ペアを形成するものがある．そのうち代表的なものを挙げる．

bežáti	bégati	逃げる
gnáti	goníti	追う
íti	hodíti	行く
lésti	lazíti	登る，よじ登る
letéti	létati	飛ぶ
nêsti	nosíti	（歩いて）運ぶ
têči	tékati	走る
vêsti	vodíti	連れて行く

左のグループは，具体的な状況と結びついた1回行われる動作を表し，一定の方向へ向かっているときに用いる．

右のグループは，くりかえされる動作や方向が定まらない動作を表す．

例文：Grém v šólo. 私は学校へ行くところです．
　　　Hódim v šólo. 私は学校へ通っています．
　　　Otròk šè ne hódi. こどもはまだ歩けません．

　　　Jánez têče po césti. ヤネスは通りを走っている．
　　　Jánez téka sèm in tjà. ヤネスはあちこち走り回っている．

　　　Letálo letí nad puščávo. 飛行機は砂漠の上を飛んで行きます．
　　　Metúlj léta od cvéta do cvéta.
　　　　　　　　　　　　蝶が花から花へ飛び回っています．

接続詞と接続表現の基本的な用法

重文を形成するもの

a（文語的）；pa；tóda（文語的）；vèndar；àmpak：でも，しかし
  Rád bi šèl na grád, a nímam čása.
  Rád bi šèl na grád, pa nímam čása.
  Rád bi šèl na grád, tóda nímam čása.
  Rád bi šèl na grád, vèndar nímam čása.
  Rád bi šèl na grád, àmpak nímam čása.
  お城へ行きたいのですが，時間がありません．
  Tóne je že prišèl, Jóže pa šè nè.
  トーネはもう来ましたが，ヨージェはまだです．

àli：あるいは，それとも
  A boš popóldne domá àli gréš na univêrzo?
  午後は家にいる，それとも大学へ行く？

ali...ali；bódisi...bódisi（àli）：～か～か，～であろうとなかろうと
  Naj príde v šólo àli ôče àli máti.
  お父さんかお母さんかが学校へ来るようにしてください．
  Bódisi stàr ali mlád, vsák se bojí umréti.
  年をとっていようが若かろうが，誰だって死ぬのはこわい．

in；pa（口語的）：～と，そして
  Mójca in Tóne študírata medicíno.
  Mójca pa Tóne študírata medicíno.
  モイツァとトーネは医学を勉強しています．

ter；それに
  Mójca in Tóne ter Jánez stanújejo v Ljubljáni.
  モイツァとトーネ，それにヤネスはリュブリャーナに住んでいます．

kájti（文語的）；sàj；sicèr：なぜなら
  Prehladíl sem se, kájti po dežjù sem hodíl brez dežníka.
  雨の中傘もささずに歩いていたから僕は風邪を引いてしまった.
  Stanovánje je Máši všéč, sàj je velíko in svêtlo.
  マーシャは住まいが気にいっている，なんといっても大きいし明るいからだ.
  Psà smo oddáli, sicèr bi nàm bíl požŕl vsè kokóši.
  うちの鶏を全部食べてしまうようになるだろうから，犬を人にあげた.

ne...ne；níti...níti：～も～もない
  Ne zná ne bráti ne pisáti.
  （その人は）読むことも書くこともできない.
  Ne pogréša níti jedí níti pijáče.
  （その人は）食べ物も飲み物も求めない.

ne samó...àmpak túdi：～ばかりでなく～も
  Dobíl sem ne samó písmo àmpak túdi darílo.
  僕は手紙ばかりでなくプレゼントまで受け取りました.

samó；lè：ただ
  Vsì so žé stáli pred fakultéto, samó (lè) Máše ní biló.
  みんなはもう学部の前に立っていましたが，ただマーシャはいませんでした.

tó je；in sicèr；námreč：つまり，すなわち
  Jóže se je vrníl prepôzno, tó je šelè ob enájstih zvečér.
  ヨージェはとても遅くに，つまり夜11時にようやく帰ってきた.
  Nísem môgel govoríti z njím, bíl je námreč bolán.
  僕は彼と話ができなかった，つまり彼は病気だったのだ.
  Govorímo samó o poezíji, in sicèr o lírski.
  私たちはもっぱら詩について，つまり叙情詩について話している.

— 166 —

tórej：結果として，だから
　　Zdàj je lépa prilôžnost, tórej začníte.
　　今よい機会ですから，始めてください．

複文を形成するもの
če：～かどうか
　　Ne vém, če je Tóne zdàj na univêrzi.
　　トーネは今大学かどうかはわかりません．

če；ko：もし
　　Če (Ko) bo jútri lépo vrême, bômo šlì na izlèt.
　　もし明日よい天気なら，遠足に行きます．
　　Če bi bilô dánes lépo vrême, bi šlì na izlèt.
　　今日よい天気なら，遠足に行くのに．

čepràv；kljúb tému da：～にもかかわらず
　　Môral sem íti tjà, čepràv je deževálo.
　　Môral sem íti tjà, kljúb tému da je deževálo.
　　私は雨が降っているにもかかわらず，そこへ行かなければならなかった．

čím...tém：～すればするほど～だ
　　Čím nížje smo prihájali, tém bôlj je bilô vróče.
　　下へくだればくだるほど，暑くなっていった．

da：～と（いうこと）
　　Míslim, da je Tóne zdàj na univêrzi.
　　トーネは今大学にいると思います．
　　Rêkla sem mu, da nímam čása.
　　私は彼に時間がない，と言いました．

doklèr：～する間ずっと（不完了体・肯定），～するまで（完了体・否定）
　　Doklèr smo iméli denár, smo kupováli knjíge.
　　私たちにお金がある間はずっと本を買っていた．
　　Váruj otrôka, doklèr se ne vŕne máti.
　　お母さんが帰って来るまで子供のめんどうをみなさい．

kàdar：～の時（習慣として）
　　Kàdar imám denár, grém nakupovát.
　　お金がある時には，買い物に行くことにしています．

kàkor hítro；kómaj：～するとすぐに
　　Vprášam ga, kàkor hítro se vŕne.
　　Kómaj se vŕne, ga vprášam.
　　彼が戻りしだい，きいてみよう．

kàr：～のもの，～のこと
　　Narêdi, kàr hóčeš.
　　したいことをしなさい．

kdór：～の人
　　Kógar je sréčal, vsákega je pozdravíl.
　　（彼は）会う人みんなと挨拶をした．
◇ kdó- の部分は文中の働きに合わせて格変化する．→ p.130

ker：なぜなら
　　Prehladíl sem se, ker sem hodíl po dežjù brez dežníka.
　　雨の中傘をささずに歩いていたので，僕は風邪を引いてしまった．

kjèr：～の所で
　　Napísal je člának, kjèr govorí o prométu.
　　彼は論文を書いた．その論文では交通について論じている．

ko：〜の時
　　Ko sem se vrníl, je bilȏ žḗ temnó.
　　僕が帰って来たとき，もう暗かった．

kot；kàkor：〜のように
　　Fílm na televizíji je ísti, kot (kàkor) sem ga vídel pred léti.
　　テレビでやっていた映画は私が何年か前に見たのと同じだった．

medtém ko：〜している間に／一方，〜に対して
　　Medtém ko jàz délam, ȍn bêre veríjo.
　　私が働いている間，彼は雑誌を読んでいた．
　　Njegȏv bràt je bogàt, medtém ko je ȍn réven.
　　彼が貧乏なのに対して，そのお兄さんは金持ちだ．

naj：〜するように
　　Máša je prosíla prijáteljici, naj šȇ ostáneta.
　　マーシャは友人たち（二人）に，もっと残ってくれるよう頼んだ．

odkàr：〜以来（ずっと）
　　Dežúje, odkàr sem prišȅl.
　　僕が来てからずっと雨が降っている．

préden：〜する前に
　　Préden je odšlȁ, je zapŕla ȏkna.
　　彼女はでかける前に窓を閉めた．

takȏ da：だから，従って
　　Nȏge je imél velíke, takȏ da mu nobéni čévlji níso bilí pràv.
　　彼は足が大きかった，だからどの靴も彼に合わなかった．

zatȏ：だから
　　Hodíl sem po dežjȕ brez dežníka, zatȏ sem se prehladíl.
　　雨の中傘をささずに歩いていたので，僕は風邪を引いてしまった．

— 169 —

語　順

　単独で独立した意味を持つ語の文中における位置は比較的自由で，既知の情報を文頭に，未知の情報あるいは話し手や書き手にとって最も伝えたい情報は文末に置く傾向が見られる．
　例文：
　　Mójca stanúje v Ljubljáni. (Kjé stanúje Mójca?)
　　モイツァはリュブリャーナに住んでいます．
　　V Ljubljáni stanúje Mójca. (Kdó stanúje v Ljubljáni?)
　　リュブリャーナに住んでいるのはモイツァです．／
　　モイツァがリュブリャーナに住んでいるのです．

　それに対して助詞，代名詞短形，動詞の過去および未来時制で用いられる bíti の人称形は文中で弱い位置，すなわち文頭から2番目と位置が決まっている．
　例文：

　　Jàz bi želél...　　　　　　　　　　　～したいのですが．
　　Želél bi... (助詞)

　　Njéga ní domá.　(代名詞長形生格)　　彼は家にいません．
　　Ní ga domá.　(代名詞短形生格)

　　Mêni je fílm všéč.　(代名詞長形与格)　映画は気に入っています．
　　Fílm mi je všéč.　(代名詞短形与格)

　　Njíh čákajo.　(代名詞長形対格)　　　（その人たちは）彼らを
　　Čákajo jih.　(代名詞短形対格)　　　　待っています．

　　Jàz sem délal na pôšti.　　　　　　　私は郵便局で働いていました．
　　Délal sem na pôšti.　(bíti の人称形)

　　Ôna bo študírala medicíno.　　　　　彼女は医学を勉強するでしょう．
　　Študírala bo medicíno.　(bíti の人称形)

— 170 —

文頭から2番目にくるべき語が重複して出てくる場合の優先順位は以下の通り．
1．a) 3人称単数以外の bíti の人称形現在：
　sem, si, sva, sta, smo, ste, so
　　b) 条件法で用いる助詞：bi
2．再帰代名詞短形：se, si
3．人称代名詞与格短形（一部は長形と同形）：
　　mi, ti, mu, ji, nama, vama, jima, nam, vam, jim
4．人称代名詞対格短形（一部は長形と同形）：
　　me, te, ga, jo, naju, vaju, ju, nas, vas, jih
5．人称代名詞生格短形（一部は長形と同形）：
　　me, te, ga, je, naju, vaju, ju, nas, vas, jih
6．a) 未来時制で用いられる bíti の人称形：
　　bom, boš, bo, bova, bosta, bomo, boste, bodo
　　b) bíti の人称形現在3人称単数：je

例文：

　Učíli so se slovénščine.　彼らはスロヴェニア語を学んでいた．
　　　1.a) 2

　Kupíl sem ji zvézek.　僕は彼女にノートを買った．
　　　1.a) 3

　Sréčal sem ga.　僕は彼に会った．
　　　1.a) 4

　Spomínjam se je.　彼女を覚えている．
　　　　　2 5

　Sméjal sem se mu.　僕は彼を笑っていた．
　　　1.a) 2 3

　Učíl se je slovénščine.　彼はスロヴェニア語を学んでいた．
　　　2 6.b)

　Kupíla mi je zvézek.　彼女は私にノートを買ってくれた．
　　　　3 6.b)

　Sréčal jo je.　（その人は）彼女に会った．
　　　　4 6.b)

— 171 —

Ôna me ní vídela. 彼女は私を見なかった．
　5　6.b)
Sméjal se mi je. 彼は私を笑っていた．
　　2 3　6.b)
Učíl se bom slovénščine. 僕はスロヴェニア語を学ぶだろう．
　2　6.a)
Kupíl ji bom zvézek. 僕は彼女にノートを買うだろう．
　　3 6.a)
Sréčal ga bom. 彼に会うだろう．
　　4　6.a)
Jàz je ne bom vídel. 彼女には会わないだろう．
　5　　6.a)
Sméjal se mu bom. 彼を笑うだろう．
　　2 3　6.a)

接続詞čeやa／ali, da, 助詞najは従属文の文頭にくる．そして，これらの接続詞や助詞で導かれた従属文から始まる場合，主文の語順は従属文全体を1番目の要素と数えるためコンマのあとは2番目にくるべき要素から始まる．

Če bi imél čàs, bi se učíl. もし時間があれば勉強するのだが．
　　1.b)　　　　 1.b) 2
Učíl bi se, če bi imél čàs.
　1.b) 2　1.b)
A bi mi lahkó pomágali？ 助けていただけますか？
 1.b) 3
Želéla bi vas vprášati,... うかがいたいのですが…
　　1.b) 4
Míslim, da ga ní domá. 彼は家にいないと思う．
　　　　　5　6.b)
Rékel je, da se je učíl slovénščine.
　　1.a)　　2 6.b)
　　　　　　　　　　　　彼はスロヴェニア語を学んでいたと言った．
l分詞が含まれている文の動詞を否定する時，否定の助詞neはbiや

— 172 —

bom...の直前に置く．そして ne bi, ne bom....および bíti の人称形現在と結びついた nísem...は必ず1分詞より前にくる．そのため，肯定文と否定文では語順が大きく変わることがある．

例文：

Smějal se mi je.　→ Ní se mi smějal.

Smějal sem se mu.　→ Nísem se mu smějal.

Vídel jo bom.　→ Ne bom jé vídel.

Želél bi,...　→Ne bi želél,...

会話では，疑問文の文頭で用いられる a, ali が省略されることがある．その場合も a, ali が取り去られるだけで，残った語の順番に変わりはない．従って，文頭にくる語が省略されると，本来文頭から2番目にくるべき語が文頭に現れる．

例文：

A si ga vídel？　→ Si ga vídel？

A bi mi lahkó pomágali？　→ Bi mi lahkó pomágali？

スロヴェニア語概説

人口と分布

　スロヴェニア語はスロヴェニア共和国の公用語である．言語人口はおよそ 250 万人と言われている．本国以外では，隣接する国々のイタリア（カナル峡谷，レジア地方，ベネト地方，ウディネやゴリツァ，トリエステ周辺），オーストリア（コロシュカ地方，シュタイェルスカ地方），ハンガリー（ポラビエ地方）でスロヴェニア語が話されており，また，他のヨーロッパの国々（ドイツなど）やアメリカ大陸（主にアメリカ合衆国やアルゼンチン），オーストラリアへ移民した人々や亡命者も話している．

スロヴェニア共和国の公用語

　スロヴェニアではスロヴェニア語以外に地方によってはさらに 2 つの言語が公用語として認められている．イタリア人の多く住むプリモーリエ地方（コーペル，イゾラ，ピランなどの町々）ではイタリア語が，ハンガリー人の多く住むプレクムーリエ地方（レンダヴァをはじめとする国境近くの町や村）ではハンガリー語が，スロヴェニア語と同等の権利をもつ言語として制定されているのである．

系統

　スロヴェニア語はインド・ヨーロッパ語族のスラヴ語派に属す．スラヴ系の諸言語は，さらに東スラヴ語群，西スラヴ語群，南スラヴ語群の 3 つのグループに分けることがある．このように分類した場合，スロヴェニア語は南スラヴ語群の中ではもっとも西に位置する言語といえる．そして双数形が保たれており，語彙的にもアルカイズムが見受けられる点が特徴的である．代表的な例として，krí，生格 krví 血＜スラヴ祖語*kry，生格 *krъve が挙げられる．古代教会スラヴ語で既に主格形は －ъv－ によって語幹の拡大された形態 krъvь（単数対格形）となっており，現在話されているスラヴ系の諸言語の標準語でもスロヴェニア語以外はすべて本来の主格形が失われている．スロヴェニア語はまた，移動アクセント体系をもっている．例：jêzik 言語, slovénščina スロヴェニア語, govoríti 話す．

スラヴ諸語の中ではスロヴェニア語は殊にクロアチア語のカイ方言と最も近い関係にある．10世紀まではスロヴェニア語とクロアチア語のカイ方言は類似した歩みを続けていたと推測されるため，共通の特徴が多く認められる．そのうちのいくつかを取り上げてみよう．

音韻面：*dj＞j（*medja＞mêja）

　　　　鼻母音ǫ＞o（rǫka＞rôka）

　　　　母音の前以外の位置での硬化f＞r及び母音の前でのr+jへの変化（koledár, koledárski：koledárja）

形態面：呼格の消失

　　　　アオリスト，インペルフェクトの消失

　　　　bom＋l分詞による未来時制の形成（bom délal）

　　　　目的分詞の保持

　　　　疑問詞káj

外来語

語彙的には昔から隣接する言語の影響を受けてきた．

古高ドイツ語：híša 家＜hūs, kúhinja 台所＜kuhhina, meníh 修道士＜munih, pápež 法王＜bābes, pābes, škòf 司教＜biscof

ラテン語：　　oltár 祭壇＜altāre, míza 机＜mensa, denár お金＜イタリア語 denaro＜ラテン語 dēnārius

ハンガリー語：lôpov 泥棒＜lopó, orják 巨人，巨像＜óriás

文化交流のあった言語からも次のような語を受け入れた．

ギリシア語：　sídro 錨＜クロアチア語 sidro＜中世ギリシア語 sídero(n) 鉄

ロシア語：　　iskrén 誠実な＜искренный（ískrennyj）

チェコ語：　　seznám 一覧表＜seznam, vlák 列車＜vlak, známka 切手＜známka

英語：　　　　víkend 週末，別荘＜weekend 週末, šòv ショー＜show, fáks ファックス＜fax

フランス語：　piré ピューレ＜purée, žánr ジャンル＜genre

方言

　スロヴェニア語は多様な方言を有することで有名である．現在，45以上の方言からなる7つないし8つの方言グループに分類されている．方言グループを7つと数える人々は，2のノトランスカ方言群を独立した方言群と認めていない．(236ページ参照)

1 プリモーリエ方言群：イタリア語の影響を最も強く，そして最も長い期間にわたって受け続けてきた方言グループ．

2 ノトランスカ方言群：プリモーリエ方言群とドレンスカ方言群の中間の特徴をもつ．この方言グループもイタリア語の影響が強い．

3 ロウタルスカ方言群：バヴァリア地方で話されているドイツ語の方言の影響が強い．

4 コロシュカ方言群：オーストリアのケルンテン地方で話されているスロヴェニア語．

5 ゴレンスカ方言群：標準スロヴェニア語の形成に大きくかかわった方言グループのうちの1つ．

6 ドレンスカ方言群：ゴレンスカ方言群とともに標準スロヴェニア語の形成に大きくかかわった．南部のKočévje（ドイツ名Gottschee）周辺には数世紀前に植民してきたドイツ系の人々の子孫が話している言語島がある．

7 シュタイエルスカ方言群：スロヴェニア第2の都市マリボルや第3の都市ツェーリエで話されている方言．

8 パンノニア方言群：ハンガリー語の影響を受けており，殊に語彙面で目立つ．

　小さな国土にもかかわらずこれ程多くの方言に分化したのには多くの理由がある．まず第1に，高い山々，森林，沼沢地，河川といった地理的条件のため，スロヴェニア人どうしの文化，政治，経済の交流は活発なものではなく，孤立した行政単位で暮らしていたことが挙げられる．しかも，ドイツ人，ハンガリー人，イタリア人，フリウリ人，クロアチア人などさまざまな系統の言語を話す人々に囲まれていたことも主因である．

初期の文献

　現存するスロヴェニア語最古の文献は972年から1039年にかけて成立した『フライジング文書』Brižinski spomenikiである．これは，告解Ⅰ，罪と懺悔についての説教，告解Ⅱの3つの文書から構成され，ラテン文字で書かれている．成立したのは恐らくコロシュカ地方であろうが，発見されたのは1807年，ドイツのバヴァリア地方にあるフライジングという町のため，この町の名を取って『フライジング文書』と呼ばれる．現在はミュンヘン図書館に所蔵されている．第1の書はドイツで成立したテキストが元になっている箇所があり，グラゴール文字で書かれた『シナイ祈禱書』とも類似している．第2の書は古代スラヴ語の影響を強く受けている．
　用いられている言語にはスラヴ祖語の方言から初期のスロヴェニア語 alpska-panonska slovenščina への移行期と位置づけられるような特徴がある．例えば，
音声面：鼻母音の存在（あいまい母音1つのみ）
　　　　子音結合 tl, dl の保持（modlim 現代スロヴェニア語 molim）
　　　　*dj>j
　　　　縮約（věčnoje>věčně）
形態面：呼格の存在
　　　　アオリスト，インペルフェクトの存在
　　　　前置詞を伴わない造格の存在
　以上のような特徴により，実際に書かれたのは9世紀であろうと推定される．この文献には，スロヴェニア語の方言の分化の痕跡はまだ認められない．

　方言の分化はおそらく11世紀から14世紀にかけて始まったと推定される．例えば，1362年から1390年にかけて書かれた，『フライジング文書』成立以降最初の大きな文献，『ツェローヴェツ文書』Celovški rokopis 別名『ラーテチェ文書』Rateški rokopis には主としてゴレンスカ方言の特徴が認められるが，コロシュカとドレンスカの方言の跡も見られる．この文書は発見されたラーテチェ，あるいは保存されているツェローヴェツ（クラーゲンフルト）の名を取って命名された．1428年から1440年に書かれスティチナ修道院で発見された『スティチナ文書』Stiški rokopis はドレン

スカ方言であり，1492年から1498年に成立した『スターラ・ゴーラ文書』Starogorski rokopis（スターラ・ゴーラ修道院より）はプリモーリエ方言で書かれている．

プロテスタントの言語活動

標準スロヴェニア語の始まりは16世紀半ばの宗教改革の時代にさかのぼる．先鞭をつけたのはトゥルバルである．

プリモシュ・トゥルバル Primož Trubar
　『教理問答書』Catechismus in der Windischen Sprach 1550
　『初等読本』Abecedarium (Ane Buquice, is tih ſe ty Mladi inu preprosti Slouenci mogo lahku v kratkim zhaſu brati nauzhiti) 1550

いずれも亡命先のローテンブルグで出版した．彼は文語の基礎として，また，自らの神学理論を広めるために，当時ドレンスカ方言群に属していたリュブリャーナのことばを選び，22冊の本をスロヴェニア語で著した．

文語の標準が発達し安定するために，他のプロテスタントの著述家も貢献した．

ユーリイ・ダルマチン Jurij Dalmatin
　聖書の翻訳 Biblija, tu je, vse svetu pismu 1584

彼は母国のことばを学ぶべきというトゥルバルの意見に啓発されて，聖書を初めてスロヴェニア語に翻訳した．

アダム・ボホリチ Adam Bohorič
　スロヴェニア語による最初のスロヴェニア語文法書 Articae horulae 1584

セバスチアン・クレール Sebastjan Krelj
　日曜及び祝日用の福音書の解釈書 Postilla slovenska 1567

クレールはグラゴール文字とキリル文字の文献の影響を受け，しかも自身のノトランスカ方言を基に，スロヴェニア語の文語の標準として「トゥルバル氏のカリンチア語」よりも広い基盤を推し進めようとした．すなわち，トゥルバルは歴史的なěに対してeとejを用いていたのに対し(lejtu, del)，クレールはすべてeで書いた(leto, del)．語源的に長いôと語末のアクセントのないoを文字uで書いた(Bug, mladu)トゥルバルに対し，

クレールは o で記した (Bog, mlado). 彼はまた，有声と無声の歯茎摩擦音（スー音）及び破擦音と後部歯茎摩擦音（シュー音）及び破擦音に一貫して統一的な文字を用いることによってトゥルバルの正書法を改革した．つまり，s, š, c, č, z, ž の音に対して以下のような文字をあてたのである：s＝ʃ, š＝ʃh, c＝z, č＝zh, z＝s, ž＝sh. そして，l と n を硬軟の音ごとに書き分け，u と v も区別した．

クレールの正書法は一定の変更を加えながらもアダム・ボホリチがその文法書の中で採用したために，ボホリチ正書法と呼ばれる．ボホリチ正書法であらゆるプロテスタントの書籍が印刷され（ゴティック体で書かれたトゥルバルの最初の2作は除く），19世紀40年代に至るまで使用されていた．

反宗教改革の時代

17世紀に入るとスロヴェニア文語の発達は停滞した．1600年頃のプロテスタント派宣教師の追放と教会組織の禁止令によって改革は強制的に終了させられたのである．信者は皆おのれのことばで聖書を読むべきであるというプロテスタントの理念はカトリックによる反宗教改革の時代（1613〜1676）には焦眉の問題とならなかった．カトリックの著述家たちはお互いに交流も少なく，当時書かれていた著作も知らず，プロテスタントの人々の著作や正書法の伝統に敬意を払うことがなかった．そのうえ，世俗にも教会にも支持者がいなかったので，文献のなかには『カーロプの詩集』Kalobska pesmarica 1640-1651 のように印刷されなかったものもある．しかも母音の弱化と消滅，すなわち短いアクセントのある母音及びアクセントのない母音が弱化したり完全に消滅してしまう現象は口語をプロテスタントの文語から遠ざけてしまった．

例：pustíti＞pstít, nìč＞nəč,
　　 sedéti＞sədét＞zdét

言語と正書法の面でプロテスタントの伝統とのつながりを保っていたのは日曜および祭日用の福音書と賛美歌集で，その後200年もの長きにわたって出版され続けた．これは，1612年反宗教改革派の司祭トマーシュ・フレン Tomaž Hren が編集し，発表したものである．

文語の規範はある程度はバロックの著述家の作品に継承された．

マティヤ・カステレツ Matija Kastelec
   宗教思索集 Nebeški cilj 1684
ヤネス・スヴェトクリシュキ Janez Svetokriški
   5巻からなる説教集 Sacrum prompuarium 1691-1707
   このような改革的なカトリックの文語タイプが現れたことにより，反宗教改革の時代に標準スロヴェニア語の発展が新たに始まった．この流れは19世紀半ばまで続くことになる．このころから，ゴレンスカ地方の母音体系が文語にもちこまれ，また，それ以外の地方方言の特徴も導入されていった．
アダム・スカラル Adam Skalar
   宗教書の翻訳 Šula tiga premišluvana 1643（手稿）
   彼はゴレンスカ地方出身の聖職者で，この方言の特徴をこの翻訳書の中に持ち込んだ．
アラシア・ダ・ソマリパ Alasia da Sommaripa
   イタリア語スロヴェニア語辞典 Vocabolario italiano e sciavo 1606
   これはプリモーリエ方言群に属するクラーシュツェ方言で書かれている．

方言による言語活動

   18世紀前半にゴレンスカ方言の母音体系を自らの説教の言語の中に持ち込んだ2人の代表的な人物を挙げておく．
ローゲリイ・リュブリャンスキ Rogerij Ljubljanski
   説教集 Palmarium empyreum 1731
   リュブリャンスキは1709年から1728年までに行った説教を2冊の本にまとめる計画を立てていたが，生前この計画は実現されることなく死後出版された．
イェルネイ・バサール Jernej Basar
   説教集 Pridige iz bukvic imenovanih Exercitia s. očeta Ignacija 1734
   バサールはイエズス会派の説教師で，イグナチウス・ロヨラの説教集を模範として日曜・祭日用の説教52編を集めて発表した．当時の規範を無視して，自身が話すように書き留めた点が特徴的である．
   同じころパンノニア方言群のプレクムーリエ方言で著作を発表した人達

もいた.
フランツ・テムリン　Franc Temlin
　『小教理問答書』Mali katekizem 1715
　彼はハンガリー語のアルファベットでスロヴェニア語の音を表わした.
シュテファン・キュズミチ　Štefan Küzmič
　新約聖書の翻訳　Nuovi zakon ali testamentom 1771

　18世紀後半から19世紀前半にかけては以下の著述家が方言による著作を残した.
プレクムーリエ方言
ミクロシュ・キュズミチ　Mikloš Küzmič
　『教理問答集要理』Kratka summa velikoga katekizmusa 1780
コロシュカ方言
オジュバルト・グツマン　Ožbalt Gutsman
　文法書　Windische Sprachlehre 1777
シュタイエルスカ方言
ユーリイ・ゼレンコ　Jurij Zelenko
＝ミハエル・ザガイシェク　Mihael Zagajšek
　文法書　Slovenska Grammatika oder Georg Sellenko's Windische Sprachlehre 1791
アントン・アポステル　Anton Apostel
　ドイツ語ースロヴェニア語辞典　Dictionnarium germanico-slovenicum 1760
レオポルド・ヴォルクメル　Leopord Volkmer
　詩集　Fabule in pesmi, 1836　死後アントン・ムルコにより出版
　これらの著作は大半が地方ごとに特徴のあるアルファベットによって書かれていた.

統一化への動き
　文語をまとめる方向でスロヴェニア語を発展させたのは以下の人々である.
アントン・トマーシュ・リンハルト　Anton Tomaž Linhart

脚本家，歴史家.
　喜劇 Županova Micka 1790
　喜劇 Ta veseli dan ali Matiček se ženi 1790 等
ユーリイ・ヤペル Jurij Japelj
　聖書の翻訳 Svetu pismu stariga (in novega) testamenta 1784－1802 等
ヴァレンティン・ヴォドニク Valentin Vodnik
　民族復興運動家，詩人，翻訳家，また，教材を多く書いたことでも知られる.
　小学校のためのスロヴェニア語文法 Pismenost ali Grammatika za prve Shole 1811
　スロヴェニア語のみの最初の詩集 Pesmi za pokušino 1806
　最初のスロヴェニア語新聞 Ljubljanska novica 1797-1800
　「楽しくためになる本」：料理本 Kuharske bukve 1799
　「楽しくためになる本」：助産婦の手引 Babištvo 1818　チェコの J. Matoušek の著作からの翻訳

　ヴォドニクはまた，マルコ・ポフリン Marko Pohlin の著作 Kmetam za potrebo inu pomoč 1789 等を蘇らせた点でも功績がある.
　リンハルト，ヤペル，ヴォドニクの3人ともゴレンスカの出身であったため，スロヴェニア語の文語の標準からリュブリャーナ方言のもつドレンスカ方言の母音の特徴がますます消えていった．ドレンスカ方言では ě と o にはそれぞれ ej と u が対応しているが，それがゴレンスカ方言の e と o に代わっていったのである．例：lejpa＞lepa,　cejsta＞cesta；Bug＞Bog, inu＞ino.

コピタルの活動とその成果

　1808年から1809年にかけてイェルネイ・コピタル Jernej Kopitar が文法書 Grammatik der slavischen Sprache in Krain, Kärnten und Steyermark を出したとき，ě とアクセントのある長い o と語末の o にゴレンスカ方言の対応形を文語へ導入した．コピタルの提唱した母音体系は8つの母音音素である．この体系は，ポフリンが1768年の文法書 Kraynska grammatika の中で既に提唱していた．この8母音体系は今

日の標準語に継承されている．コピタルはさらに，一定の方法で今はない弱化母音を記述し，綴りのうえで l と lj, n と nj を区別した．また，クレールが 16 世紀に用いていたような語彙面でのドイツ語的要素（leben, folk, trošt, nuc, ofer 等）とシンタクス面でのドイツ語法に反対した．ドイツ語の文の成分を分析した結果，スロヴェニア語で書かれた文の奥底にドイツ語が潜んでいることに気づき，その理由はスロヴェニア人のこどもが学校教育をドイツ語で受けるためであると結論づけたのである．コピタルは知識人よりもドイツ化されていない農民と会話するように，ドイツ語の作品よりもラテン語を翻訳するように，そしてドイツ語の痕跡がなるべく少ない言語で読むようにと奨励した．また，良質で実用的な辞書の発行を提唱し，リュブリャーナの神学校にスロヴェニア語の講座を設立することに奔走した．

これを受けて 1894 年，1895 年になってマクス・プレテルシニク Maks Pleteršnik がスロヴェニア語ドイツ語辞典を出版し，1815 年にフラン・メテルコ Fran Metelko が講座長になって神学校にスロヴェニア語の講座が新設された．コピタルの 30 年にわたる系統だった仕事は，当時の散文，刊行物の言語に，特に詩の言語に反映されている．

例：
散文
マテウシュ・ラウニカル Matevž Ravnikar
　『若い人々のための聖書物語』Zgodbe sv. pisma za mlade ljudi 1815-1817　Chr. Schmid 著のドイツ語からの翻訳
ヤネス・ツィグレル Janez Cigler
　物語『不幸の中の幸福』Sreča v nesreči 1836
雑誌
『農業・手工業新報』Kmetijske in rokodelske novice 1843-1902
詩
フランツ・プレシェーレン Franc Prešeren
　詩集 Poezije 1846/1847 等．スロヴェニアの国民詩人．現在のスロヴェニア共和国の国歌は彼の『乾杯の辞』Zdravljica にメロディーをつけたものである．

正書法改革の試み

　コピタルはスラヴ諸語は，たとえうまくいかない場合でもせめてスロヴェニア語だけは，美しく規則的な文字体系と正書法規則をもつべきであると考えていた．彼にとって美しい正書法とは，弁別記号のないラテン文字でありながらも1つの音素を1つの文字で表せる体系を指す．ボホリチ正書法は1音1字方式ではなく，しかも，弁別記号なしに狭いeと広いe, 狭いoと広いoを，そして曖昧母音を書くことができなかったために，コピタルは反対だった．そしてまた，この正書法はラテン語にない音を西ヨーロッパ方式，すなわち古高ドイツ語の正書法に基づいて表していた．つまり，č, ž, šの音をそれぞれ zh, sh, ſh と 2 文字で表し，軟音のlとnを lj, nj で表記した．一方でまたラテン文字をそのままラテン語にない音価にあてていた．例えば，zとcという音をsとzという文字で書いていたのである．コピタルの影響を受けてフラン・メテルコ（文法書 Lehrgebäude der slowenischen Sprache 1825）とペーテル・ダインコ Peter Dajnko（文法書 Lehrbuch der windischen Sprache 1824）はそれぞれ独自の正書法を編み出した．

　メテルコ正書法はボホリチ正書法よりも正音法に基づいており，また，1音素を1文字で表している点でもボホリチ正書法より一貫している．32文字からなるが，キリル文字とギリシア文字も用いられていた．例えば，ギリシア文字の ε, ω を導入することにより，8つの母音と曖昧母音を書き分け，軟音のlとnを書き表し，šč という音に対してもキリル文字起源の1つの文字をあてた．しかしながらこの正書法は支持されなかった．特に反対を唱えたのは文学史家であり批評家であるマティヤ・チョプ Matija Čop と詩人のフランツェ・プレシェーレン France Prešeren である．プレシェーレンはソネットを書いてチョプの問題提起に協力した．チョプは1833年に3つの批判文を書き，メテルコ正書法に反対した．理由は，
1) 曖昧母音の響きの悪さ：チョプはポーランド人にスロヴェニア語のテキストを音読してみせたときに，そのように言われたことがある
2) メテルコ正書法がəのみならず短いiとuもすべて曖昧母音を表す文字で表した
3) スロヴェニア人が皆区別している訳ではない広いe, oと狭いe, oを書

き分けた
以上3点である．
　チョプの論争は当時成功を収め，メテルコ正書法は政令によって禁止された．しかし，この意見は必ずしも申し分のないものとはいえない．曖昧母音は響きが悪く耐え難いという立場は全く個人的なものにすぎず，自身の母音体系に曖昧母音をもたない言語の話し手であるポーランド人の判断基準を根拠にして反対する意味は薄い．すべてのスロヴェニア人が広い e と狭い e，広い o と狭い o を区別できる訳ではないし（シュタイェルスカの人々），また別の母音分類をしている人々もいる（コロシュカの人々）とはいえ，ドレンスカとゴレンスカの方言に基礎をおくスロヴェニア標準語の規範は守られるべきである．

　もう一つのダインコ正書法もまたボホリチ正書法よりも優れていた．有声と無声の歯茎摩擦音及び破擦音に対してダインコはボホリチ正書法の文字（z, s, ſ）で書かずに，今日と同様に c, z, s という文字をあてた．ボホリチ正書法が2文字で表していた後部歯茎摩擦音及び破擦音を1文字にまとめた：zh をキリル文字ч で書き，sh の音を文字 x で，そして ſh の音には δ をあてたのである．ダインコ正書法はまた軟らかい n と弱化した u にも専用の文字 n, y をあてた．この正書法体系もまたスロヴェニア全土には広まらなかった．その最大の反対者はアントン・ムルコ Anton Murko で，彼はその文法書 Theoretisch-praktische slowenische Sprachlehre 1832 の中で伝統的なボホリチ正書法を継承している．この文法書は方言中心主義に反対し，標準スロヴェニア語の統一性を主張した，コピタルにつぐ当時の優れた業績といわれる．

　1840年代に入るとガイ正書法が用いられるようになった．これはチェコ語の正書法にならってクロアチア人のリュデヴィト・ガイ Ljudevit Gaj がクロアチア語の為に編み出した正書法である．母音に関してはそのまま，子音に関しては何カ所か調整してスロヴェニア語にも今日に至るまで適用されている．この正書法は他の正書法体系よりも優れていた．子音音素それぞれに1つずつ文字があてられ，文字 s, z, c もその音価面で本来のラテン語の正書法の中の音価とそれほどかけ離れていなかったためである．

汎スラヴィズムと汎イリリズム

　19世紀半ばはスロヴェニア語がスラヴ諸語,特に古代教会スラヴ語,クロアチア語,ロシア語から非常に多くのものを受け入れた時期である.このころスラヴ人の間で汎スラヴ主義,すなわちスラヴ諸民族の文化的結合をめざす運動が活発化し,スラヴ人相互が団結するという理想が沸き起こった.この運動を活発に盛り上げたのは2人のスロヴァキア人だった.
パヴォル・ヨゼフ・シャファーリク Pavol Jozef Šafárik
　『スラヴのあらゆる方言の言語と文学の歴史』
Geschichte der slawischen Sprache und Literatur nach allen Mundarten 1826
ヤーン・コラール Ján Kollár
　『スラヴの民族とことばの文学的相互関係について』
O literarnég Wzágemnosti mezi kmeny a nárečjmi slawskými 1836

　スロヴェニアにおける汎イリリズムの信望者たちはスロヴェニア語をイリリア語に,あるいは他のスラヴ諸語に近づけようとした.イリリア語とはクロアチア語カイ方言,16世紀から17世紀にかけて隆盛を極めたドゥブロヴニクの文語の伝統,及びセルビア語近代シト方言に基づいて1830年代にクロアチアで成立した言語である.ヤーン・コラールはこの言語をロシア語,ポーランド語,チェコ語に継ぐ4番目に主要なスラヴ語と考えていた.スロヴェニアでこのイリリア語を熱心に支持したのはスタンコ・ヴラス Stanko Vraz とマティヤ・マヤル・ジルスキ Matija Majar Ziljski である.詩人のヴラスはスロヴェニア語の代わりにイリリア語で詩作を開始し,プーシキン,バイロン,ダンテなどの翻訳を次々とこの言語で発表した.マティヤ・マヤルは1848年に Pravila, kako izobraževati ilirsko narečje i u obče slavenski jezik を書いてイリリア運動を推し進めた.
　ウィーン在住のスロヴェニア人の知識階層は1848年の3月革命の際に,スロヴェニア人が団結してオーストリア内に自治州を設け,そこでの公用語をスロヴェニア語とすることを要求した.しかし,ハプスブルクのオーストリア(1867年以降はオーストリア・ハンガリー帝国)の枠内での要求は実現されなかった.汎イリリア主義も次第に周辺的なものに過ぎなくなっていった.イリリア運動の唯一ともいうべき成功は,イリリア風の正書

法体系ガイ正書法が伝統的なボホリチ正書法にとってかわったことにある.

1852 年にルカ・スヴェテツ Luka Svetec は新聞 Slovenska bčela において新しい形態を提唱した. 例：bratam, krajam, kleše, lepiga, de に対する bratom, krajem, klešče, lepega, da. これはイリリア語の拒絶と古代教会スラヴ語への傾倒を示している. そしてこの形態は少しずつスロヴェニア人に受け入れられていった.

古代教会スラヴ語への傾倒に対しては, コピタルと彼のパンノニア理論の影響が大きい. これは, 古代教会スラヴ語は西パンノニア（現在はハンガリー領）に居住していたスラヴ人の言語であり, 従ってスロヴェニア語の祖先であるという考えを指す. この理論はソルンのあたりのスラヴ人の間では話されていなかったいくつかの語（例えば, križ, slana）やスロヴェニア語の曖昧母音の説明に役立つ, と言われていた. パンノニア理論はその後力を失ない, 古代教会スラヴ語とマケドニア語との関係を論じたヴァトロスラフ・オブラク Vatroslav Oblak のマケドニア学にとってかわられた：Macedonische Studien, 1896.

1860 年代, 古代教会スラヴ語とスロヴェニア語の調節をはかりつつ創作活動を展開していたのは作家, 批評家, そしてジャーナリストでもあるレウスティクだった.
フラン・レウスティク Fran Levstik
　『スロヴェニア語正書法の誤り』Napake slovenskega pisanja 1858
　民話 Martin Krpan z Vrha 1858 等
近代スロヴェニア語の文体を確立する上で彼の果たした役割は高く評価されている. レウスティクを支持したのはユルチチとレヴェツだった.
ヨシプ・ユルチチ Josip Jurčič
　『十番目の弟』Deseti brat 1866
この作品はスロヴェニア語で書かれた最初の小説と言われている. 彼はまた, スロヴェニア文語に大量のクロアチア語の単語を取り入れたことでも知られている.
フラン・レヴェツ Fran Levec
　『スロヴェニア詩人・作家伝』Odlični slovenski pesniki in pisatelji 1879

レヴェツは多くの文学批評を残し，最初のスロヴェニア語正書法に関する著作を発表したことでも有名である．また，学校制度を整備する上でも大きく貢献した．

この2人は1870年代と80年代のスロヴェニアではまだ珍しかったジャーナリストたちのリーダー的存在だった．

近代スロヴェニア語の成立

スロヴェニア語を古代教会スラヴ語に近づけようとする動きに反対したのは，フラン・ミクロシチFran Miklošič とスタニスラフ・シュクラベツ Stanislav Škrabec だった．

ミクロシチは印欧比較言語学の手法をスラヴ文献学に応用した最初の人物であり今日においてもなおスラヴ語学の基本的な文献と目される著作を書いた言語学者である．

『古代スラヴ語－ギリシア語－ラテン語辞典』
Lexicon paleoslovenico-graeco-latinum 1865
『スラヴ諸語比較文法』
Vergleichende Grammatik der slawischen Sprachen Ⅰ－Ⅳ 1852-1875.

彼はパンノニア理論に全面的に賛成していたわけではなく，古風なスロヴェニア語に反対だった．すなわち，「古代スロヴェニア語」（ミクロシチは古代教会スラヴ語をこのように名づけていた）は古代スロヴェニア語として書く必要があるとはいえ，近代スロヴェニア語は同時代に話されているように書くべきだと考えていたのである．

シュクラベツは標準スロヴェニア語の文字体系の基準として16世紀という時代をうちだした．この時代を選んだ理由は「自然な形態のスロヴェニア語の資料がこの時代には充分にあり，それらの形態を理論の上で主観的に再構築する必要がなかった」からである．

『話すときと書くときの標準スロヴェニア語の音声とアクセントについて』
O glasu in naglasu našega knjižnega jezika v izreki in pisavi 1870

この著書では，話しことばとトゥルバル以来の書きことばについて論じられている．シュクラベツは標準スロヴェニア語の発音は統一すべきであ

るという立場を取った．これは，19世紀70年代における非常に重要な規定である．まさにこの時，標準語としていかに話すべきかがスロヴェニアで初めて活発に論じられるようになったのである．それは，スロヴェニア語が公の場，すなわち，学校と役所で用いられ始めたことと関連している．シュクラベツの意見を考慮に入れて，以下の人々が辞典や文法書などを発表した．

プレテルシュニク

『スロヴェニア語－ドイツ語辞典』Slovensko-nemški slovar 1894-1895

レヴェツ

最初のスロヴェニア語正書法 Slovenski pravopis 1899

アントン・ブレズニク Anton Breznik

中等教育用文法書 Slovenska slovnica za srednje šole 1916, 1921², 1924³, 1934

『スロヴェニア語正書法』Slovenski pravopis 1920, 1935²

（1935年の第2版はフラン・ラモウシュと共著）

19世紀と20世紀の言語活動

19世紀には標準スロヴェニア語が文語として既に充分発達したことを，タウチャルとケルスニクの写実主義の散文が証明している．

イワン・タウチャル Ivan Tavčar

『冬の夜』Zimski večeri. Zbirka novelic 1880

風刺小説 4000. Času primerna povest iz prihodnih dôb 1891

ヤンコ・ケルスニク Janko Kersnik

小説 Na Zerinjah 1876

20世紀になると，スロヴェニア語を駆使して多くの詩人，作家が活躍した．代表的な人物を挙げる．

イワン・ツァンカル Ivan Cankar

最初1899年に詩集『エロティカ』Erotika を発表したが，後に散文や戯曲に転じた．現代スロヴェニア文学の祖と呼ばれる．

ドラゴティン・ケッテ Dragotin Kette

ツァンカルや歴史小説家アシュケルツとの交流を通じてモダニズムの詩を発表した．

ヨシプ・ムルン Josip Murn
　詩人．特に叙情詩が高く評価されている．

オトン・ジュパンチチ Oton Župančič
　ツァンカルと並んで現代スロヴェニア文学の基礎を築いた詩人．

スレチコ・コソヴェル Srečko Kosovel
　印象主義，象徴主義，構成主義などを用いて創作した叙情詩人．

エドヴァルド・コツベク Edvard Kocbek
　詩人，作家，エッセイスト．

プレジホウ・ヴォランツ Prežihov Voranc
　生まれ育ったコロシュカ地方の農村を舞台にした写実主義的小説が多い．

ツィリル・コスマチ Ciril Kosmač
　作家．写実主義から出発したが第2次世界大戦後はより現代的な手法を用いるようになった．

パウレ・ジダル Pavle Zidar
　詩人として出発したが，1960年代からは散文を中心に発表するようになった．

ドミニク・スモレ Dominik Smole
　作家，劇作家．

ドラゴ・ヤンチャル Drago Jančar
　作家，劇作家，ジャーナリスト．現在も活躍中で，彼の小説や劇は多くの言語に翻訳されている．

標準スロヴェニア語は実用書，専門書，新聞雑誌など文学以外の機能をもつテキストにおいても用いられている．ドイツ語法に対しては「分離」，スラヴ語法に対しては「独立」という態度が改めてうちだされたのも20世紀になってからのことだった．

戦間期の状況

1918年，第一次世界大戦の後オーストリア・ハンガリー帝国が崩壊すると，スロヴェニアは745年以来千年以上続いたオーストリア支配を脱して，新しい国家セルビア・クロアチア・スロヴェニア連合王国に参入した．こ

の国は1929年にユーゴスラヴィアと改名した．スロヴェニア語は公用語とはなったが，あらゆる公的な場でセルビア・クロアチア語と同等というわけにはいかなかった．スロヴェニア語の立場は20世紀の20年代になると悪化した．そして，30年代には汎イリリア主義が再び台頭し，スロヴェニア語を捨て，セルビア・クロアチア語がそれにとってかわるべきという思想が活発になった．既に第一次世界大戦前に作家のイワン・ツァンカルはユーゴスラヴィアの諸民族は政治的には統一可能だが，文化的には不可能と考え，このような思想に抵抗した．後の時代には文学批評家のヨシプ・ヴィドマルや言語学者フラン・ラモウシュ，アントン・ブレズニクが汎イリリア主義に反対した．第一次大戦後に大きな意味をもったのが，1919年のリュブリャーナ大学の創設である．この大学のスラヴ語学，スロヴェニア語学の最初の教授を務めたのは，ナフティガルとラモウシュだった．戦間期に大きな成果を上げた分野が，辞書編纂，スロヴェニア語史と方言学，語彙論，比較文法である．

辞書編纂
ヨージェ・グロナル Jože Glonar
　学習辞典 Poučni slovar 1929-1933
　スロヴェニア語辞典 Slovar slovenskega jezika 1935-1936

語史と方言学
フラン・ラモウシュ Fran Ramovš
　方言地図 Dialektološka karta slovenskega jezika 1931
　『方言』Dialekti 1935
　『スロヴェニア語小史』Kratka zgodovina slovenskega jezika 1936

語彙論
アントン・ブレズニク
　『スロヴェニア語の辞典』Slovenski slovarji 1926
　『ジャーナリズムのスロヴェニア語』O častnikarski slovenščini 1933
　『スロヴェニア民話の言語』Jezik naših pripovednikov 1934

比較文法
ライコ・ナフティガル Rajko Nahtigal
　『スラヴ諸語』Slovanski jeziki 1938, 1952²
　スラヴ比較言語学に関する基本的な文献．加筆修正のなされている第2

版は，1961年にドイツ語訳が，1963年にロシア語訳が出版された．
『スラヴ文献学入門』Uvod v slovansko filologijo 1949

第二次世界大戦及び戦後の状況

　第二次世界大戦が始まるとスロヴェニアは3分割された．すなわち，ドイツ領（シュタイェルスカ，ゴレンスカ），イタリア領（ドレンスカ，ノトランスカ），ハンガリー領（プレクムーリエ）である．占領者，とりわけドイツ人は自らの目的の最大の障害は言語にあると考えていた．したがって，第二次大戦中のドイツ及びハンガリー支配下の地域でのスロヴェニア語の使用は厳しく制限された．

　第二次世界大戦後，スロヴェニアはクロアチア，ボスニア・ヘルツェゴヴィナ，ツルナゴーラ，セルビア，マケドニアと共に再びユーゴスラヴィアに組み入れられた．この時，カナル峡谷，レジヤ，トリエステ，ゴリツァの一部，コロシュカ（ケルンテン），シュタイェルスカ，ポラビエ地方にスロヴェニア語の話し手が取り残されることとなった．スロヴェニア語はセルビア語，クロアチア語，マケドニア語と並んでユーゴスラヴィアの公用語の1つとなった．しかし，スロヴェニア語が軍隊や連邦の行政機関，外交において用いられることはなかった．

　戦後は教育制度，学問，技術が飛躍的に発達した時代だった．それに伴ってスロヴェニア語も新たな役割を担うようになった．1945年に科学・芸術アカデミーにスロヴェニア語研究所が開設された（アカデミー自体は1938年に設立されていた）．戦前の方言学の仕事を引き継いだのはラモウシュで，彼はスロヴェニア言語地図のための地区ごとの分割を規定した．それを完成させたのが以下の人々である．

ティネ・ローガル Tine Logar
　『スロヴェニア語方言』Slovenska narečja 1975, 1993^2 カセットテープつき
　『スロヴェニア語方言地図』Karta slovenskih narečij 1983 リーグレルとの共著
ヤコブ・リーグレル Jakob Rigler
　『スネージュニクとスラウニクの間で話されている方言のアクセントと

音声研究』
  Akcent in glasoslovje govorov med Snežnikom in Slavnikom 1963
  『スロヴェニア語母音体系の発達史概説』
  Pregled osnovnih razvojnih etap v slovenskih vokalizmu 1967
  『スロヴェニア語方言分化の歴史』
  O zgodovini klasifikaciranja slovenskih narečij 1975
イワン・トミネツ Ivan Tominec
  『チュルニー・ヴルフČrni Vrh方言』Črnovrški dialekt 1964

  1947年にアントン・バイェツ Anton Bajec がリュブリャーナ大学哲学部でスロヴェニア語学の講義を始めた．バイェツはスロヴェニア語文法 Slovenska slovnica 1947, 1956² を執筆した4人の著者のうちの1人であり，4巻本のスロヴェニア語語形成論 Izpeljava samostalnikov 1950, Izpeljava pridevnikov 1952, Zloženke 1952, Predlogi in predpone 1959 の著者である．スロヴェニア語語形成論は後にヨージェ・トポリシチやアダ・ヴィドヴィチ・ムハの研究によって体系的な発達を遂げた．バイェツの後にリュブリャーナ大学スラヴ語学科でスロヴェニア語学の講義をした人々を挙げる．
ヨージェ・トポリシチ Jože Toporišič
  『標準スロヴェニア語』Slovenski knjižni jezik 1-4 1965, 1966, 1967, 1970
  『語形成理論』Besedotvorni teoriji 1976
  『スロヴェニア語文法』Slovenska slovnica 1976, 1984², 1991³
  『スロヴェニア語シンタクス』Nova slovenska skladnja 1982
  『スロヴェニア語百科事典』Enciklopedija slovenskega jezika 1992
ブレダ・ポゴレレツ Breda Pogorelec：スロヴェニア語史，社会言語学，シンタクス専攻
  『標準スロヴェニア語の過去完了について』
  O pluskvamperfektu v knjižni slovenščini　In：Jezik in slovstvo 1960/61
  『バロック期のスロヴェニア語テキストにおける文体概観』

Pogled na slogovno podobo slovenskega baročnega besedila
In: Obdobja 9 1989
マルティナ・オロジェン Martina Orožen：スロヴェニア語史，スロヴェニア方言，類型論学専攻
アダ・ヴィドヴィチ・ムハ Ada Vidovič Muha：語形成論，形態論，類型論専攻
Slovensko skladenjsko besedotvorje ob primerih zloženk 1988
アレンカ・シヴィツ・ドゥラル Alenka Šivic Dular：形態論，語源学専攻

最近の状況

スロヴェニア語学の専門雑誌は 2 誌発行されている．Slavistična revija（1948 年創刊 年 4 回発行）と Jezik in slovstvo（1955 年創刊，年 8 回発行）である．文学関係の雑誌で中心的な存在は Sodobnost（1963 年創刊）である．スロヴェニア語，文学，文化については毎年外国のスラヴィストとスロヴェニストを対象に行われるサマーセミナーの講義録（1965-）の中でも論じられている．国際シンポジウム Obdobja（1979-）の発表論文集においても中世から現代に至るスロヴェニアの言語，文学，芸術，文化の変遷が論じられている．

最近特に重要な成果が辞書の分野でもたらされた．例として，5 巻のアカデミー版標準スロヴェニア語辞典（1970，1975，1979，1985，1991）が挙げられる．これは 1995 年には 1 巻にまとめたものが出版された．翌年，この辞典をもとにした逆引き辞典も出た．また，フランツェ・ベズライ France Bezlaj のスロヴェニア語語源辞典（1976，1982，1996）も完成した．語源辞典はもう 1 種類，マルコ・スノイ Marko Snoj 編纂による 1 巻本も 1997 年に出版されている．また，1950 年版に代わる新しいスロヴェニア語正書法が 1990 年に出版された．

1991 年スロヴェニアは政治的に独立した国家となった．そしてスロヴェニア語は国家の公用語となり，今日に至っている．

参考文献

Bajec, A. Kolarič, R. & Rupel M.　　*Slovenska slovnica* 1964² Ljubljana DZS

Derbishire, William W.　　*A Basic Reference Grammar of Slovene* 1993 Columbus, Ohio Slavica Publishers

Herrity, Peter　　*Slovene : A Comprehensive Grammar* 2000 London and New York Routledge

Honzak-Jahič, Jasna　　*Slovenščina ni težka* 1996 Praha Karolinum

Logar, Tine　　*Slovenska narečja* 1993² Ljubljana Mladinska knjiga

Priestly, T.M.S.　　Slovene In : *The Slavonic Languages* pp.388-451 ed. Bernard Comrie and Creville G. Corbett 1993 London and New York Routledge

SAZU ed.　　*Slovar slovenskega knjižnega jezika* 1995 Ljubljana DZS

Slovenska književnost　　1996 Ljubljana Cankarjeva založba

Snoj, Marko　　*Slovenski etimološki slovar* 1997 Ljubljana Mladinska knjiga

Svane, Gunnar Olaf　　*Grammatik der slowenischen Schriftsprache* 1958 Kopenhagen Rosenkilde und Bagger

Toporišič, Jože　　*Enciklopedija slovenskega jezika* 1992 Ljubljana Mladinska knjga

Toporišič, Jože　　*Slovenski knjižni jezik* 1 1965, 2 1966, 3 1972, 4 1970 Maribor Založba Obzorja

練習問題解答

各課の解説やテキストには発音の目安にアクセント記号をつけましたが，実際に出版されているスロヴェニアの書籍にはアクセント記号はついていません。

自分でスロヴェニア語を書くときにもアクセント記号をつける必要はありませんので，この解答にもアクセント記号はありません。

第1課（4ページ）

2　1) Mleko, prosim.　　　　　2) Kje je čaj?
　　3) Vino, prosim.　　　　　4) To je čaj.
　　5) To je vino.　　　　　　6) To je Tone.
　　7) Kje je natakar?　　　　8) Trenutek, prosim.
　　9) Hvala.　　　　　　　　10) Prosim.

第2課（8ページ）

2　1) A je to čaj?　　　　　　2) Ja, to je čaj.
　　3) Ne, to ni čaj.　　　　　4) Kje je zvezek?
　　5) Mleko je tam.　　　　　6) Vino je tukaj.
　　7) To ni vino.　　　　　　8) A je to slovar?
　　9) A je to Mojca?　　　　10) Ja, Mojca je.

第3課（12ページ）

2　1) A je Mojca študentka?　　2) Mojca ni študentka.
　　3) A ste gospa Župančič?　　4) Ja, Župančič sem.
　　5) Ne, nisem Župančič.　　　6) Dober dan, kako ste?
　　7) Japonec sem.　　　　　　8) Nisem Japonec.
　　9) A ste novinar?　　　　　10) Novinar sem.

第4課（16ページ）

2　1) Kje je moj zvezek?　　　2) Tvoj zvezek je tam.
　　3) To je naše stanovanje.　　4) A je to vaš dežnik?
　　5) Ja, to je moj dežnik.　　　6) Kje je vaš slovar?
　　7) Moj slovar je tukaj.　　　8) To je mogoče moja torba.
　　9) A je to vaša prtljaga?　　10) Ne, ni naša prtljaga.

第 5 課 (20ページ)

3　1) Čigav je ta dežnik ?　　2) To je njen dežnik.
　　3) Ta rdeča torba je moja.　　4) To je najino stanovanje.
　　5) To rdeče kolo je njegovo.　　6) Čigava je ta prtljaga ?
　　7) To je njuna prtljaga.　　8) To je nov slovar.
　　9) Vajino kolo je novo.　　10) Ta zvezek ni moj.

第 6 課 (28ページ)

1　študirati

	単数	双数	複数
1	študiram	študirava	študiramo
2	študiraš	študirata	študirate
3	študira	študirata	študirajo

　imeti

	単数	双数	複数
1	imam	imava	imamo
2	imaš	imata	imate
3	ima	imata	imajo

2　1) učitelja　2) torbo　3) dežnik　4) študentko　5) zdravnika
　　6) vino　7) čaj　8) mleko　9) gospoda　10) gospodinjo

3　1) Jože in Maša študirata medicino.
　　2) Imamo sestro.
　　3) Delam kot zdravnik.
　　4) Moj brat ima kolo.
　　5) A imate torbo in dežnik ?
　　6) Moj brat dela kot zdravnik.
　　7) Študirajo medicino.
　　8) Moja sestra ima zvezek in slovar.
　　9) Ti in Mojca študirata medicino.
　　10) Jaz in sestra delava.

第 7 課 (32ページ)

1　pisati　　　　　　　　　　nesti

	単数	双数	複数		単数	双数	複数
1	pišem	piševa	pišemo	1	nesem	neseva	nesemo
2	pišeš	pišeta	pišete	2	neseš	neseta	nesete
3	piše	pišeta	pišejo	3	nese	neseta	nesejo

— 197 —

2 1) zdravnika 2) torbe 3) dežnika 4) sestre 5) medicine
6) vina 7) čaja 8) mleka 9) brata 10) referata

3 1) Profesor Kos zdaj ne bere referata.
2) Danes nimamo referata.
3) Kaj berejo ?
4) Zaposlen sem.
5) Tone nima sestre.
6) Nimamo mleka.
7) Gospa Župančič nima torbe.
8) Kje bere profesor Kos referat ?
9) A imata čas ?
10) Ne, nimava časa.

第 8 課 (36 ページ)

1 stanovati

	単数	双数	複数
1	stanujem	stanujeva	stanujemo
2	stanuješ	stanujeta	stanujete
3	stanuje	stanujeta	stanujejo

nakupovati

	単数	双数	複数
1	nakupujem	nakupujeva	nakupujemo
2	nakupuješ	nakupujeta	nakupujete
3	nakupuje	nakupujeta	nakupujejo

2 1) zvezku 2) torbi 3) študentki 4) Slovencu 5) medicini
6) vinu 7) čaju 8) mleku 9) bratu 10) telefonu

3 1) Potrebujemo slovar.
2) Mojca ima svoje kolo.
3) Ne stanujejo v Ljubljani.
4) Kje stanujete ?
5) Mojca je dobra študentka.
6) Kaj imaš v torbi ?
7) Tone ne potrebuje zvezka.
8) Pogosto nakupujeva v samopostrežbi.
9) Blizu je dobra samopostrežba.
10) To ni dobro vino.

第 9 課 （40 ページ）
1 videti

	単数	双数	複数
1	vidim	vidiva	vidimo
2	vidiš	vidita	vidite
3	vidi	vidita	vidijo

   govoriti

	単数	双数	複数
1	govorim	govoriva	govorimo
2	govoriš	govorita	govorite
3	govori	govorita	govorijo

2 1) zvezku 2) sobi 3) pismu 4) Japoncu 5) čaju
   6) vinu 7) reviji 8) mleku 9) torbi 10) času

3 1) Mojca ne potrebuje slovarja.
   2) Govorimo po angleško.
   3) Ne govorijo po nemško.
   4) Naša sestra zdaj stanuje v Mariboru.
   5) Vidite profesorja Kosa ?
   6) Tone piše sestri pismo.
   7) Mojca nese profesorju Kosu revijo.
   8) Ne vidimo Mojce.
   9) Mojca in Tone govorita po nemško.
   10) Natakar nese Mojci vino.

第 10 課 （44 ページ）
1 1) zvezkom 2) referatom 3) univerzo 4) Slovencem
   5) revijo 6) vinom 7) slovarjem 8) mlekom 9) čajem
   10) postajališčem

2 1) Pogosto gremo v Ljubljano z avtobusom.
   2) Gospa Župančič gre ponavadi v banko peš.
   3) Ne grejo (gredo) na univerzo.
   4) Kam gre Tone ?
   5) Profesor Kos je zdaj na univerzi.
   6) Mojca in Tone študirata medicino na univerzi.
   7) Grejo (Gredo) v Maribor z avtobusom.
   8) A lahko govorim s profesorjem Kosom ?
   9) A lahko govorim po angleško ?

10) Čaj z mlekom, prosim.

第11課 (52ページ)

1　1) postelji　2) okni　3) slovarja　4) stola　5) mizi
　　6) Japonca　7) banki　8) knjigi　9) telefona　10) referata

2　1) natakarji, natakarje　2) okna　3) revije　4) stoli, stole
　　5) police　6) zvezki, zvezke　7) torbe　8) slovarji, slovarje
　　9) kuhinje　10) postajališča

3　1) Zdravniki so.
　　2) Japonca sva.
　　3) A so Slovenke?
　　4) Ne, niso Slovenke.
　　5) Mojca in Tone sta Slovenca.
　　6) Pri oknu je postelja.
　　7) Jože nese profesorju Kosu referate.
　　8) Potrebujemo zvezke.
　　9) Na mizi so zvezki.
　　10) Nista Japonca.

第12課 (56ページ)

1　1) zvezkov　2) oken　3) učiteljev　4) stolov　5) miz
　　6) Slovencev　7) sester　8) knjig　9) zdravnikov
　　10) postajališč

2　1) Ne vemo točno, koliko bratrancev imamo.
　　2) Starši živijo v Ljubljani.
　　3) Koliko sorodnikov imate?
　　4) V sobi je dvajset stolov.
　　5) Onadva sta iz Ljubljane.
　　6) Vem, da je Jože iz Maribora.
　　7) Koliko Slovencev je tukaj?
　　8) Imajo pet sestričen.
　　9) Odkod ste?
　　10) Imam pet zvezkov.

第13課 (60ページ)

1　1) dariloma－darili　2) pismoma－pismi　3) mizama－mizami
　　4) stoloma－stoli　5) učiteljema－učitelji　6) zvezkoma－zvezki

      7) bratrancema−bratranci   8) sestričnama−sestričnami
      9) sorodnikoma−sorodniki   10) postajališčema−postajališči
2　1) Mojca je šla na univerzo s prijateljema.
   2) Popoldne smo študirali na univerzi.
   3) Jože, kje si bil dopoldne ?
   4) Bila sva v trgovini z igračami.
   5) Kaj ste kupili v samopostrežbi ?
   6) Bili so zaposleni.
   7) Kaj ste delali zvečer ?
   8) Jože in Maša sta živela v Mariboru.
   9) Hotel sem brati revijo.
   10) Popoldne sta Mojca in Tone bila na univerzi s profesorji.

第14課 (64 ページ)

1　1) Vidiš tam njiju ?　　　　2) Včeraj sem jo brala.
   3) Zdaj ga ne pišem.　　　 4) Njega ni bilo tukaj.
2　1) Poklical sem profesorja Kosa, ampak njega ni bilo doma.
   2) Mojca je potrebovala dežnik, ampak ni ga imela.
   3) Včeraj je Jože poklical Mašo, ampak nje ni bilo doma.
   4) Nisva študirala medicine na univerzi.
   5) Nismo vedeli, kje stanuje Tone.
   6) A me lahko pokličete kasneje ?
   7) Mojce in Maše ni v sobi.
   8) Nisem hotela iti na univerzo z avtobusom.
   9) Tone je dopoldne bral revijo, popoldne pa je ni bral.
   10) Ponoči sem napisal referat.

第15課 (68 ページ)

1　1) študirati

	単数	双数	複数
1		študirajva	študirajmo
2	študiraj	študirajta	študirajte

　　2) brati

	単数	双数	複数
1		beriva	berimo
2	beri	berita	berite

3) nesti

	单数	双数	複数
1		nesiva	nesimo
2	nesi	nesita	nesite

4) govoriti

	单数	双数	複数
1		govoriva	govorimo
2	govori	govorita	govorite

5) kupiti

	单数	双数	複数
1		kupiva	kupimo
2	kupi	kupita	kupite

6) poklicati

	单数	双数	複数
1		pokličiva	pokličimo
2	pokliči	pokličita	pokličite

7) napisati

	单数	双数	複数
1		napišiva	napišimo
2	napiši	napišita	napišite

8) ne delati

	单数	双数	複数
1		ne delajva	ne delajmo
2	ne delaj	ne delajta	ne delajte

9) priti

	单数	双数	複数
1		pridiva	pridimo
2	pridi	pridita	pridite

10) vprašati

	单数	双数	複数
1		vprašajva	vprašajmo
2	vprašaj	vprašajta	vprašajte

2 1) Pridite k nam, prosim.　　2) Nam je všeč Ljubljana.
   3) Včeraj so se preselile.　　4) Kupi mi mleko.
   5) Vprašaj jo sam.　　6) Pokliči me kasneje.
   7) Kako se imenuješ?　　8) Imenujem se Tone.
   9) Pišem se Župančič.　　10) Počitnice so se že začele.

第16課 (76ページ)

1 1) izpitih 2) tetah 3) zvezkih 4) oknih 5) novinarjih
   6) mizah 7) darilih 8) stricih 9) stolih 10) kuhinjah

2 1) Jutri bosta Tone in Mojca na univerzi.
   2) Kaj boste delali jutri zvečer?
   3) Na Dunaju bo profesor Kos stanoval v hotelu.
   4) Stanoval bom pri tetah.
   5) A ga bo Jože poklical?
   6) Popoldne bo Mojca napisala pismo.
   7) Mislim, da boste imeli uspeh.
   8) Pri oknih so bili Mojca, Maša, Tone in Jože.
   9) V počitnicah bo Tone potoval v Maribor.
   10) Dopoldne bo Mojca zaposlena.

第17課 (80ページ)

1 1) nalogama − nalogam   2) stricema − stricem
   3) sobama − sobam   4) slovarjema − slovarjem
   5) mizama − mizam   6) referatoma − referatom
   7) hoteloma − hotelom   8) izpitoma − izpitom
   9) stoloma − stolom   10) morjema − morjem

2 1) Grem z njimi na univerzo.
   2) Mojca pogosto pomaga prijateljem.
   3) Jutri bom napisala sestrama pismo.
   4) Jože je z njo dolgo govoril.
   5) Poslali smo tetam pisma.
   6) Maša se z njima sprehaja.
   7) Pomagajte nam, prosim.
   8) Zdaj sem z njim ob morju.
   9) Vsak dan z njimi plavam.
   10) Mojci je Ljubljana všeč.

第18課 (84ページ)

1

	1)		2)		3)	
主	nov	stol	stara	miza	naše	stanovanje
生	novega	stola	stare	mize	našega	stanovanja
与	novemu	stolu	stari	mizi	našemu	stanovanju
対	nov	stol	staro	mizo	naše	stanovanje

前　novem　stolu　　stari　mizi　　našem　stanovanju
　　　造　novim　stolom　staro　mizo　　našim　stanovanjem
2　1）A je to fotografija vaše družine ?
　　2）Včeraj sem se sprehajal z njegovo sestro.
　　3）Tone je svojemu očetu poslal pismo.
　　4）Ta stari zvezek je moj.
　　5）Oni so zdaj na poslovnem potovanju.
　　6）A vidite njenega brata ?
　　7）Jožeta ni zdaj doma.
　　8）Na novi mizi je pet knjig.
　　9）Prihajata iz Novega mesta.
　　10）Pokličite, prosim, njegovega očeta.

第 19 課　(88 ページ)
1　1）Kupil sem darilo za njen rojstni dan.
　　2）Na univerzi ni bilo tvojega kolesa.
　　3）Včeraj smo govorili o vas.
　　4）Zdaj stanujem pri njem.
　　5）A veste, kako se imenuje ta študent ?
　　6）Prihajajo z Dunaja.
　　7）Daj mi mleko.
　　8）Maša je prišla k Tonetu z univerze.
　　9）Kaj još ?
　　10）Pred banko je bilo šest koles.

第 20 課　(92 ページ)
1　主　roke　　noge
　　生　rok　　　nog
　　与　rokam　nogam
　　対　roke　　noge
　　前　rokah　nogah
　　造　rokami　nogami
2　1）Mojega očeta so bolele noge.
　　2）Ponoči sem se počutil slabo.
　　3）Ne bomo mogli iti na Dunaj, ker bo v počitnicah prišla sestra.
　　4）Včeraj nisem mogel gledati televizije, ker sem bil zaposlen.
　　5）Jože je rekel, da ga boli grlo.

6) Pazite se !
7) Kaj imate v rokah ?
8) A lahko plavava ?
9) Mislim, da so bili verjetno prehlajeni.
10) A bo lahko Tone končal izpite z uspehom ?

第21課 (100ページ)
1　　1)
主	dobra	študenta	dobri	študentje/študenti
生	dobrih	študentov	dobrih	študentov
与	dobrima	študentoma	dobrim	študentom
対	dobra	študenta	dobre	študente
前	dobrih	študentih	dobrih	študentih
造	dobrima	študentoma	dobrimi	študenti

2)
主	knjižni	polici	knjižne	police
生	knjižnih	polic	knjižnih	polic
与	knjižnima	policama	knjižnim	policam
対	knjižni	polici	knjižne	police
前	knjižnih	policah	knjižnih	policah
造	knjižnima	policama	knjižnimi	policami

3)
主	novi	postajališči	nova	postajališča
生	novih	postajališč	novih	postajališč
与	novima	postajališčima	novim	postajališčim
対	novi	postajališči	nova	postajališča
前	novih	postajališčih	novih	postajališčih
造	novima	postajališčima	novimi	postajališči

4)
主	moji	pismi	moja	pisma
生	mojih	pisem	mojih	pisem
与	mojima	pismoma	mojim	pismom
対	moji	pismi	moja	pisma
前	mojih	pismih	mojih	pismih
造	mojima	pismoma	mojimi	pismi

2　　1) Tone, Janez in Saša so bratje.
　　　2) A radi pijete kavo ?

3) Ne maram kave.
4) Ne maram potovati z avtobusom.
5) A se ukvarjate s športom?
6) Zelo se radi ukvarjamo s športom.
7) Včeraj sem napisal pisma slovenskim prijateljem.
8) Študirajo na isti univerzi na različnih fakultetah.
9) V sobi sta bila nova slovarja.
10) Jože rad nakupuje v samopostrežbi.

第 22 課 (104 ページ)
1 1) A bi lahko govoril s Tonetom?
2) Včeraj je bila univerza zaprta, ker je bila nedelja.
3) Ob torkih pišem očetu pisma.
4) Želela bi kupiti jedilno mizo.
5) V ponedeljek je Jože kupil Mojci slovensko−angleški slovar.
6) Če bi ne bil prehlajen, bi plaval.
7) Če bi imel počitnice, bi lahko potoval.
8) V četrtek je Maša kupila dve reviji.
9) Če bi mi ti ne pomagal, bi ne mogel napisati referata.
10) V petek bo prišel brat.

第 23 課 (108 ページ)
1 1) A bi lahko prišli na univerzo v petek ob štirih?
2) Ko je Tone telefoniral Jožetu, je bila že ura tri.
3) Jože je povabil Mojco na zabavo.
4) Maša, a mu lahko predstaviš mene?
5) Profesor Kos je prišel na univerzo ob pol desetih.
6) Čez dan je gospa Županič brala revijo.
7) Včeraj sem vstal ob pol sedmih.
8) A bi lahko poklicali mojo mater?
9) Njegov novi sosed se imenuje Janez.
10) V počitnicah sem šla z materjo na Dunaj.

第 24 課 (112 ページ)
1 1) A poznate Mašinega očeta?
2) Včeraj sem govoril s Tonetovim stricem po telefonu.
3) Vem, da živi Jožetova družina v Mariboru.

4）Mojčina mati je gospodinja.
5）Tone ni mogel priti na zabavo, zato ker je imel nesrečo.
6）Pozabila sem doma slovar.
7）Spominjamo se, da je bil Janez na zabavi.
8）A poznate ime Mašinega novega soseda ?
9）Ne poznam Jožetove matere.
10）Ta dekleta so včeraj prišla iz Anglije.

第 25 課 （116 ページ）
1　　　　1)　　　　　　　　　2)

主	Mašina	knjiga	Janezov	slovar
生	Mašine	knjige	Janezovega	slovarja
与	Mašini	knjigi	Janezovemu	slovarju
対	Mašino	knjigo	Janezov	slovar
前	Mašini	knjigi	Janezovem	slovarju
造	Mašino	knjigo	Janezovim	slovarjem
主	Mašini	knjigi	Janezova	slovarja
生	Mašinih	knjig	Janezovih	slovarjev
与	Mašinima	knjigama	Janezovima	slovarjema
対	Mašini	knjigi	Janezova	slovarja
前	Mašinih	knjigah	Janezovih	slovarjih
造	Mašinima	knjigama	Janezovima	slovarjema
主	Mašine	knjige	Janezovi	slovarji
生	Mašinih	knjig	Janezovih	slovarjev
与	Mašinim	knjigam	Janezovim	slovarjem
対	Mašine	knjige	Janezove	slovarje
前	Mašinih	knjigah	Janezovih	slovarjih
造	Mašinimi	knjigami	Janezovimi	slovarji

　　　　3)　　　　　　　　　4)

主	moževo	pismo	babičina	zgodba
生	moževega	pisma	babičine	zgodbe
与	moževemu	pismu	babičini	zgodbi
対	moževo	pismo	babičino	zgodbo
前	moževem	pismu	babičini	zgodbi
造	moževim	pismom	babičino	zgodbo
主	moževi	pismi	babičini	zgodbi
生	moževih	pisem	babičinih	zgodb

与	moževima	pismoma	babičinima	zgodbama
対	moževi	pismi	babičini	zgodbi
前	moževih	pismih	babičinih	zgodbah
造	moževima	pismoma	babičinima	zgodbama
主	moževa	pisma	babičine	zgodbe
生	moževih	pisem	babičinih	zgodb
与	moževim	pismom	babičinim	zgodbam
対	moževa	pisma	babičine	zgodbe
前	moževih	pismih	babičinih	zgodbah
造	moževimi	pismi	babičinimi	zgodbami

2   1) A znate govoriti po slovensko?
    2) A lahko tukaj berem knjigo?
    3) Poznam njihova imena.
    4) Ne smeš tukaj plavati.
    5) Danes ne morem iti na univerzo s kolesom zaradi nevihte.
    6) Izposodili smo si tetin avto in smo se odpeljali.
    7) A vaš sin že zna hoditi?
    8) Včeraj nisem mogla poklicati matere, ker sem bila zaposlena.
    9) Zdaj dežuje.
    10) Pokličete me ob pol šestih.

第26課 (124ページ)

1   1) bolj črn, najbolj črn   2) starejši, najstarejši
    3) mlajši, najmlajši   4) lepši, najlepši
    5) večji, največji   6) ožji, najožji
    7) dražji, najdražji   8) novejši, najnovejši
    9) bolj zdrav, najbolj zdrav 10) bolj rdeč, najbolj rdeč

2   1) Jožetov slovar je dražji kot Tonetov.
    2) Včeraj sem šel smučat s tremi bratranci.
    3) Janez je najmlajši med njimi.
    4) Moja najstarejša sestra je po poklicu učiteljica.
    5) Zadovoljen sem s svojo plačo.
    6) Šli smo v trgovino nakupovat.
    7) Dopoldne sem bral knjigo o petih slovenskih pisateljih.
    8) Pred štirimi leti je brat šel v Anglijo.
    9) Mašina knjiga je novejša od moje.
    10) Iščemo profesorja Kosa.

第 27 課（128 ページ）
1 17 sedemnajsti, 18 osemnajsti, 19 devetnajsti, 20 dvajseti,
   21 enaindvajseti, 22 dvaindvajseti, 23 triindvajseti,
   24 štiriindvajseti, 25 petindvajseti, 26 šestindvajseti,
   27 sedemindvajseti, 28 osemindvajseti, 29 dvetindvajseti,
   30 trideseti, 31 enaintrideseti
2 1) Ob deset do devetih je Tone prišel na univerzo.
   2) Maša je morala čakati dve uri na postaji.
   3) Dogovorila sva se, da se bova dobila ob četrt na šest.
   4) Drugega novembra sem poslal Jožetu pismo.
   5) Petega avgusta bo brat prišel v Ljubljano.
   6) Mojca je prišla na univerzo ob dvajset čez devet, ker je avtobus imel zamudo.
   7) Onadva sta v Mariboru prvič.
   8) Brat se je vrnil s pošte ob četrt čez eno.
   9) Danes je deseti marec.
   10) Mašina sestra je rekla, da se bo vrnila tridesetega septembra.

第 28 課（132 ページ）
1 1) Ta bela miza je dražja od tiste črne.
   2) Tone je kupil bratu zbornik pesmi.
   3) Pojdi v banko.
   4) Česa ne maraš jesti ?
   5) Moj brat rad bere in najraje bere romane.
   6) Ta slovar je boljši kot tisti.
   7) Ta stol izgleda lepše od tistega.
   8) O čem govoriš ?
   9) S kom ste šli na koncert ?
   10) Komu ste napisali pismo ?

第 29 課（136 ページ）
1 1) Mojca je poslala knjigo, ki jo je njen brat hotel.
   2) V božičnem času je bila cela Ljubljana lepo okrašena.
   3) Učbenik je že poslan Mojci.
   4) Pogovarjali smo se o različnih božičnih prireditvah.
   5) Na mizi sta dve pismi, ki ju je napisala Maša.
   6) Ta knjiga je bila dana Tonetu.

7) Včeraj sem kupil zbornik pesmi, o katerem je govorila Maša.
8) Šla sem z Jožetom na razstavo.
9) Mesto je bilo živahno kljub dežju.
10) Ta učbenik je napisan od profesorja Kosa.

第30課 (140ページ)
1 1) Včeraj sem govorila z gospo Župančič po telefonu.
2) Vlak ima zamudo eno uro.
3) Mojca je zraven tistega fanta.
4) Moje letalo odleti čez tri ure.
5) Imam dve prošnji.
6) Govori o ljudeh, s katerimi si se seznanil na zabavi.
7) Šli smo na letališče z avtobusom.
8) Ne maram tega čaja.
9) A bi mi lahko poslali pismo ?
10) Stric je prišel z različnimi stvarmi.

日本語－スロヴェニア語索引

（第1課～まとめと応用6）

[ ]の中は品詞などの分類を表します．
[男]：男性名詞
[女]：女性名詞
[中]：中性名詞
[男複]：男性複数形名詞
[女複]：女性複数形名詞
[中複]：中性複数形名詞
[代]：代名詞
[数]：数詞
[形]：形容詞
[完]：完了体動詞
[不完]：不完了体動詞
[副]：副詞
[前]：前置詞
[接]：接続詞
[挿]：挿入語句

　＋の後はその語が支配する格を表します．
　数字は初出の課を，○の中の数字はまとめと応用の数字を表します．

あ行

挨拶	pozdràv [男] ②
～の間(場所)	med [前]＋造 23
（時間）	čez [前]＋対 23
会う	dobíti se [完] 27
赤い	rdèč [形] 5
秋	jesén [女] ⑥
秋に	jeséni [副] ⑥
あげる(=与える)	dáti [完] 19
朝	zjútraj [副] 13
足	nôga [女] 20
明日	jútri [副] 16
与える	dáti [完] 19
頭	gláva [女] 20
新しい	nòv [形] 5
後で	kasnéje [副] 14
(～の)後で	po [前]＋前 17
あなた(がた)	ví [代] 3 ～の：vàš 4
あなたがたふたり	vídva, vídve, védve [代] ①
～の：vájin 5
兄	bràt [男] 6
姉	sêstra [女] 6
編む	plêsti [不完] ⑥
雨	dèž [男] 25
雨が降る	deževáti [不完] 25
洗う(食器などを)	pomíti [完] 23
嵐	nevíhta [女] 25
ありがとう	hvála [挿] 1
ある	bíti [不完] 11
歩いて	pêš [副] 10
あるいは	àli [接] ③
歩く	hodíti [不完] 25
アンソロジー	zbírka [女] 28

いいえ	nè [挿] 2	歌う	péti [不完] 8
言う	govoríti [不完] 9, rêči [完] 20	美しい	lép [形] 16
		美しく	lepó [副] ⑥
家で，家に	domá [副] 14	海	mórje [中] 17
家へ	domóv [副] 23	運転する	šofírati [不完] 25
医学	medicína [女] 6	絵	slíka [女] 24
イギリス	Ánglija [女] 9	英語で	po angléško [副] 9
生きる	živéti [不完] 12	英語－スロヴェニア語の	angléško－slovénski [形] 22
行く	íti [不完] 10		
いくつ，いくら	kóliko [副] 12	駅	postája [女] 27
医者	zdravník [男] 6／zdravníca [女] ②	演劇	predstáva [女] 29
		遠足	izlèt [男] 29
椅子	stòl [男] 11	演目	predstáva [女] 29
忙しい	zaposlèn [形] 7	甥	nečák [男] ④
急ぐ	hitéti [不完] 9	お祝いを言う	čestítati [完・不完] 19
痛い	boléti [不完] 20	終える	končáti [完] 16
1	èn [数] 12	大きい	vêlik [形] 26
1月	jánuar [男] 27	多くの	mnógo [形] 30
一日中	cél dán 14	起きる	vstáti [完] 23
1番目の	pŕvi [数] 27	贈り物	darílo [中] 13
いつ	kdáj [副] 30	送る	posláti [完] 13／pošíljati [不完] 14
一緒に	skúpaj [副] 10		
一方	pa [接] (口語) 9	贈る	podaríti [完] 19
いつも	zméraj [副] 9	遅れ	zamúda [女] 27
従兄弟	brátranec [男] 12	遅れる	iméti zamúdo [不完] 27
従姉妹	sestríčna [女] 12	OK	veljá [挿] (口語) 14
今	zdàj [副] 6	起こる	zgodíti se [完] 24
意味する	poméniti [不完] 18	伯父，叔父	stríc [男] 12
妹	sêstra [女] 6	おじいさん	dédek [男] 18
いる	bíti [不完] 11	おしゃべりする	pogovárjati se [不完] 19
いろいろな	razlíčen [形] 21	お茶	čáj [男] 1
ウィーン	Dúnaj [男] 16	夫	môž [男] ④
ウェイター	natákar [男] 1／natákarica [女] ①	弟	bràt [男] 6
		男の子	fànt [男] 15
～の上に，で	na [前]＋前 10	訪れる	obiskáti [完] 21
～の上へ	na [前]＋対 10	同じ	ísti [形] 20
歌	pésem [女] 28	お願いします	prósim [挿] 1

伯母，叔母	têta [女] 16	彼女	ôna [代] ①
おばあさん	bábica [女] 18		～の: njén 5
おはよう	žívjo [挿] ②,	彼女ら	ône [代] ①
	zdrávo [挿] ②	彼女ら二人	ônidve, ônedve [代] ①
おはようございます	dóbro jútro [挿] ②		～の: njún 5
覚えている	spomínjati se	カバン	tórba [女] 4
	[不完]＋生 24	髪	lás [男] 21
思う	mísliti [不完] 9	火曜日	tôrek [男] 22
おもちゃ	igráča [女] 13	～から	iz [前]＋生 12,
おや	ó [挿] 2		s／z [前]＋生 19
おやすみ	adíjo [挿] ②	借りる	izpósoditi si [完] 22
おやすみなさい	lahkó nóč [挿] ②	軽い	láhek [形] ⑥
泳ぐ	plávati [不完] 17	彼	ôn [代] ①
			～の: njegóv 5

か 行

		彼ら	ôni [代] ①
			～の: njíhov 5
書いている	pisáti [不完] 7	彼ら二人	ônadva [代] ①
買い物をする	nakupováti [不完] 8		～の: njún 5
買う	kupíti [完] 13	変わる	spremeníti se [完] 25
帰る	vrníti se [完] 27	考える	mísliti [不完] 9
書き上げる	napísati [完] 14	感じる	počútiti se [不完] 20
書き物の	písalen [形] 11	木	drevó [中] 29
書く	pisáti [不完] 7／	技師	inženír [男]／26
	napísati [完] 14		inženírka [女]
学生	študènt [男] 3／	記者	novínar [男] 3／
	študêntka [女] 3		novínarka [女] ①
学部	fakultéta [女] 19	北	séver [男] ⑥
傘	dežník [男] 4	喫茶店	kavárna [女] 19
飾る	okrasíti [完] 29	きっと	verjétno [副] 20
風邪を引いている	prehlajèn [形] 20	気に入る	všéč [副] 15
家族	družína [女] 18	昨日	včéraj [副] 14
課題	nalóga [女] 17	希望する	úpati [不完] 16
語る	povédati [完] 24	君	tí [代] ① ～の: tvój 4
カップ	skodélica [女] 19	君たち	ví, vé [代] ①
カーディガン	jópica [女] 18		～の: váš 4
～かどうか(疑問	a [副](口語) 2,	君たち二人	vídva, vídve, védve
文の前につける)	ali [副](文語) ②		[代] ①

	〜の：vájin 5	月曜日	ponedéljek [男] 22
決める	odločíti se [完] 16	元気な	zdràv [形] 26
客	gôst [男] 23／gôstja [女] ⑤	健康な	zdràv [形] 26
		5	pêt [数] 12
9	devêt [数] ③	〜後	čez [前]＋対 23
休暇	počítnice [女複] 15	5月	máj [男] 27
90	devêtdeset [数] 26	ここに	túkaj [副] 2
牛乳	mléko [中] 1	午後に	popóldne [副] 13
9番目の	devêti [数] 27	ここへ	sèm [副] 30
今日	dánes [副] 22	50	pêtdeset [数] 26
教会	cérkev [女] 29	コス(姓)	Kòs 4
教科書	účbenik [男] 29	午前中	dopóldne [副] 13
教師	učítelj [男] 6／učíteljica [女] 6	事	stvár [女] 30
		子供	otròk [男] ④
教室	rázred [男] ③	この	tá [代] 5
教授	profésor [男] 4／profésorica [女] ①	5番目の	pêti [数] 27
		コーヒー	káva [女] ③
嫌いだ	ne márati [不完] 21	ごめんなさい	oprostíti [挿] 4, oprósti [挿] 14
着る	obléči se [完] 23		
きれいな	lép [形] 16	これ	tô [代] 1
気をつける	pazíti se [不完] 20	コンサート	koncêrt [男] 13
銀行	bánka [女] 10	こんにちは	dôber dán [挿] 3, žívjo [挿] 7, zdrávo [挿] ②
金曜日	pétek [男] 22		
空港	letalíšče [中] 30		
9月	septêmber [男] 27	こんばんは	dôber večér [挿] ② žívjo [挿] ②, zdrávo [挿] ②
靴を履かせる	obúti [完] ⑥		
クラーゲンフルト	Celóvec [男] 16		
暮らす	živêti [不完] 12	コンピュータ	računálnik [男] 11
クリスマス	bôžič [男] 28		
	〜の：božíčen [形] 29	## さ 行	
来る	príti [完] 15／prihájati [不完] 21		
		探す	iskáti [不完] 26
車	ávto [男] 5	作家	pisátelj [男] 21／pisáteljica [女] ⑤
黒い	čŕn [形] 18		
敬意	spoštovánje [中] 29	雑誌	revíja [女] 7
敬具	s spoštovánjem 29	砂糖	sládkor [男] 30
芸術的に	umétniško [副] ⑥	さまざまな	razlíčen [形] 21

— 214 —

さようなら	na svídenje [挿] ②		自分で	sám [代] 15
さらに	šè [副] 11		自分の	svój [代] 8
3	trí [数] 12		閉まっている	zapŕt [形] 22
～さん	gospód [男] 4, gospá [女] 3（既婚女性） gospodíčna [女]（未婚女性）		じゃあね	adíjo [挿] 7
			写真	fotografíja [女] 18, slíka [女] 24
			ジャーナリスト	novínar [男] 3／novínarka [女] ①
3月	márec [男] 27			
30	trídeset [数] 26		週	téden [男] 17
残念ながら	žàl 5, na žálost 7		10	desét [数] ③
3番目の	trétji [数] 27		11	enájst [数] ③
散歩する	sprehájati se [不完] 17		11月	novêmber [男] 27
詩	pésem [女] 28		11番目の	enájsti [数] 27
～時	úra [女] 23		10月	október [男] 27
しかし	àmpak [接] 14		19	devétnajst [数] ③
4月	apríl [男] 27		15	pétnajst [数] ③
時間	čàs [男] 7 úra [女] 23		15番目の	pétnajsti [数] 27
			13	trínajst [数] ③
試験	izpít [男] 16		13番目の	trínajsti [数] 27
事故	nesréča [女] 24		14	štírinajst [数] ③
仕事	zaposlítev [女] 26		従事する	ukvárjati se [不完] 21
仕事の	poslóven [形] 18		17	sédemnajst [数] ③
辞書	slovár [男] 2		住所	naslòv [男] 15
～したい	hotéti [不完] 13, želéti [不完] 9		住宅	stanovánje [中] 4
			12	dvánajst [数] ③
7月	júlij [男] 27		12月	decêmber [男] 27
知っている	védeti [不完] 12 poznáti [不完] 24		12番目の	dvánajsti [数] 27
			18	ósemnajst [数] ③
質問する	vprášati [完] 15		10番目の	desêti [数] 27
CD	zgoščénka [女] 11		14番目の	štírinajsti [数] 27
～してもよい	sméti [不完] 25		16	šéstnajst [数] ③
辞典	slovár [男] 2		ジュース	sók [男] ③
自転車	koló [中] 4		熟考する	premísliti [完] ⑥
自動車	ávto [男] 5		～出身だ	prihájati [不完] 21
しなければならない	môrati [不完] ⑤		出張	poslóvno potovánje [中]
しばしば	pogósto [副] 8		出発する	odpeljáti se [完]（乗り物で）25
自分自身	sêbe [代] 22			

ジュパンチチ(姓)	Župánčič 3
主婦	gospodínja [女] 6
種類	vŕsta [女] 21
紹介する	predstáviti [完] 21
症状	stánje [中] 20
少々お待ちください	trenútek [挿] 1
小説	román [男] 21
状態	stánje [中] 20
招待する	povábiti [完] 23
少年	fànt [男] 15
職	zaposlítev [女] 26
職業	poklíc [男] 26
食事の	jedílen [形] 11
食器	posóda [女] 23
書店	knjigárna [女] 28
知り合う	seznániti se [完] 30
白い	bél [形] 28
親愛なる	drág [形] 17
親戚	soródnik [男] 12／soródnica [女] ④
親切な	prijázen [形] 15
心配する	skrbéti [不完] 16
新聞	časopís [男] 23
水曜日	sréda [女] 22
スカート	krílo [中] 18
好きだ	iméti rád [不完] 21
スキーをする	smúčati [不完] 26
過ごす	preživljati [不完] 17
すっかり	čísto [副] 5
既に	žé [副] 14
スーパーマーケット	sámopostréžba [女] 8
すべての	vès [代] 22
スポーツ	špórt [男] 21
住まい	stanovánje [中] 4
すみません	oprostíte [挿] 4 / oprósti [挿] 14
住む	stanováti [不完] 8
する	délati [不完] 6
～するつもりだ	namerávati [不完] 25
～するところの	ki [代] 30
～する必要ない	ní tréba ⑤
～するように	naj [接] 27
スロヴェニア	Slovénija [女] ②
スロヴェニア語	slovénščina [女] ⑥
スロヴェニア語で	po slovénsko [副] 9
スロヴェニア人	Slovénec [男] 2／Slovénka [女] ①
スロヴェニアの	slovénski [形] 21
正確に	tóčno [副] 12
成功	uspéh [男] 16
(～の)せいで	zarádi [前]＋生 25
生徒	učénec [男] 26／učénka [女]
説明する	razlágati [不完] 19
狭い	ózek [形] 26
先生	učítelj [男] 6 / učíteljica [女] 6／
全体の	cél [形] 14
全部の	vès [代] 22
掃除する	čístiti [不完] ⑥
そこに	tàm [副] 2
そして	in [接] 3
その	tísti [代] 28
そのあと	potém [接] 13
(～の)そばに	pri [前]＋前 11, ob [前]＋前 17
祖父	stári óče [男] ④
祖母	stára máti [女] ④
それ	óno [代] ①
それぞれの	vsák [代] 17
それでは	tórej [接] 7
それら	óni [代] ①
それらふたつ	ónidve, ónadva [代] ①
尊敬する	spoštován [形] 29

た行

		ちょうど	pràv [副] 14
		賃金	pláča [女] 26
		(〜に)ついて	o [前]＋前 16
大学	univêrza [女] 10	机	míza [女] 11
大丈夫	v rédu 8	妻	žêna [女] 18
大体	okóli [副] 12	つまり	tôrej [接] 7,
台所	kúhinja [女] 11		tó pomêni 18
高い(値段)	drág [形] 26	強い	môčen [形] 30
高く	visôko [副] ⑥,	強すぎる	premôčen [形] 30
	dragó [副] ⑥	手	rôka [女] 20
だから	zató [接] 25	で	pa [接](口語) 9
たくさん	mnógo [副] 28,	〜で(場所)	v [前]＋前 8,
	velíko [副] 19		na [前]＋前 10
たしなむ	ukvárjati se [不完] 21	〜で(手段)	z [前]＋造 10,
尋ねる	vprášati [完] 15		s [前]＋造 13
立てる	postáviti [完] 29	である	bíti [不完] 11
建てる	zgradíti [完] ⑥	停留所	postajalíšče [中] 10
例えば	na prímer 16	手紙	písmo [中] 7
棚	políca [女] 11	できない	ne môči [不完] 20
楽しく	vesélo [副] 19	できる	lahkó [副](可能) 10
頼み	prôšnja [女] 30		znáti [不完](能力) 25
頼む	poprosíti [完] 27	手伝う	pomágati
煙草をすう	kadíti [不完] 25		[不完・完]＋与 17
食べる	jésti [不完] 19	鉄道の	želézniški [形] 27
(〜の)ための,ために	za [前]＋対 19	〜でない	ne [助] 6
誰	kdó [代] 18	テーブル	míza [女] 11
誰の	čigáv [代] 5	出迎える	počákati [完] 27
誕生の	rôjsten [形] 19	でも	pa [接] 9 (口語),
誕生日	rôjstni dán 19		àmpak [接] 14
たんす	omára [女] 11	テレビ	televízija [女] 17
小さい	májhen [形] 26	天気	vrême [中] 25
近くに	blízu [副] 8	展覧会	razstáva [女] 29
父	ôče [男] 6	電話	telefón [男] 8
秩序	réd [男] 8	電話する	poklícati [完] 14
昼食	kosílo [中] 17		telefonírati [不完・完] 23
昼食をとる	kosíti [不完] 13	(〜だ)と	da [接] 9
朝食をとる	zajtrkováti [不完] 23	ドイツ語で	po némško [副] 9

ドイツ人	Némec [男] 2／Némka [女] ①
～という名だ	imenováti se [不完] 15
～という名字だ	pisáti se [不完] 15
どういたしまして	prósim [挿] 1
どうぞ	izvólite [挿] 1, izvóli [挿] 2
時々	včásih [副] 9
(～の)時に	ko [接] 15
時計	úra [女] 23
どこから	odkód [副] 12
どこで, どこに	kjé [副] 1
どこへ	kám [副] 10
ところで	mímogredé [副] 24
(～の)ところに	pri [前]＋前 11
年	léto [中] 26
～として	kot [接] 6
年とった	stàr [形] 18
図書館	knjížnica [女] 9
どちらでもよい	vseêno 与 je ③
どちらの	katéri [代] 28
とても	zeló [副] 15
隣に	zráven [前]＋生 24
トーネ(男の名)	Tóne [男] 1
どの	katéri [代] 28
どのような	kákšen [代] 28
どのように	kakó [副] 3
飛び立つ	odletéti [完] 30
友だち	prijátelj [男] 13／prijáteljica [女] 13
(～と)共に	s [前]＋造 13, z [前]＋造 10
土曜日	sobóta [女] 22
(手に)取る	vzéti [完] 30
どんな	kákšen [形] 28

な 行

長い	dólg [形] 24
長く	dólgo [副] 15
なくす	izgubíti [完] 22
なぜ	zakáj [副] 24
なぜなら	ker [接] 18, zató ker [接] 24
夏	polétje [中] ⑥
夏に	poléti [副] ⑥
7	sédem [数] ③
70	sédemdeset [数] 26
7番目の	sêdmi [数] 27
何	káj [代] 7
名前	imé [中] 4
何度か	nékajkrat [副] 14
2	dvá [数] 12
～に	v [前]＋前 8, na [前]＋前 10
2月	fébruar [男] 27
にぎやかに	živáhno [副] 29
西	zahòd [男] ⑥
20	dvájset [数] 12
21	ênaindvájset [数] ③
29	devétindvájset [数] ③
25	pétindvájset [数] ③
23	tríindvájset [数] ③
24	štíriindvájset [数] ③
27	'sédemindvájset [数] ③
22	dváindvájset [数] ③
28	ósemindvájset [数] ③
26	šéstindvájset [数] ③
日曜日	nedélja [女] 22
(～に)似ている	podóben [形]＋与 18
2番目の	drúgi [数] 27
日本	Japónska [女] ②

日本語で	po japónsko [副] 9	花束	šôpek [男] 19
日本人	Japónec [男] 3／Japónka [女] ①	母	máti [女] 6
		早すぎて	prezgódaj [副] 30
～にもかかわらず	kljúb [前]＋与 28	日	dán [男] 14
荷物	prtljága [女] 4	光を当てる	razsvetlíti [完] 29
値段がする	státi [不完] 28	引き起こす	povzročiti [完] 25
熱	vročína [女] 20	飛行機	letálo [中] 30
眠る	spáti [不完] 20	非常に	zeló [副] 15
望む	želéti [不完] 9	左に	na lévi 11
ノート	zvézek [男] 2	引っ越す	preselíti se [完] 15
喉	gŕlo [中] 20	必要とする	potrebováti [不完] 8
飲み終える	popíti [完] 19	人々	ljudjé [男複] 30
飲む	píti [不完] 8	ひょっとして	mogóče [副] 4
		広場	tŕg [男] 29

は 行

		深い	globòk [形] ⑥
		普段	ponavádi [副] 10
はい	já [挿] 2，dà [挿] 2	冬に	pozími [副] ⑥
バイバイ	adíjo [挿] 7	冬の	zímski [形] 21
運ぶ	nêsti [不完] 7	フランス	Fráncija [女] 30
始まる	začéti se [完] 15	フリバル(姓)	Hríbar 22
初めて	pŕvič [副] 27	プール	kopalíšče [中] ③
はじめまして	me veselí [挿] 3	古い	stàr [形] 18
始める	začéti [完] ⑥	プレシェーレン(姓)	Prešéren 29
バス	ávtobus [男] 10	プレゼント	darílo [中] 13
働く	délati [不完] 6	ブレッド湖	Bléd [男] 25
8	ósem [数] 12	文学	literatúra [女] 21
8月	avgúst [男] 27	～へ	v [前]＋対 10, na [前]＋対 10
80	ósemdeset [数] 26		
8番目の	ôsmi [数] 27	ベッド	pôstelja [女] 11
バッグ	tórba [女] 4	部屋	sôba [女] 8
発達させる	razbíti [完] ⑥	勉強する	študírati [不完] 6
パーティー	zabáva [女] 23	(～の)方へ	k／h [前]＋与 15
話	zgódba [女] 24	(～の)他に	rázen [前]＋生 12
話し合う	pogovárjati se [不完] 19	他の	drúgi [形] 26
話し合って決める	dogovoríti se [完] 27	欲しい	hotéti [不完] 13
話す	govoríti [不完] 9, povédati [完] 24	ホテル	hotél [男] 16
		本	knjíga [女] 7

— 219 —

本当	rés [副] 14	娘	hčérka 17 [女], hčí [女] ④
本の	knjížen [形] 11	目	okó [中] ⑤
本屋	knjigárna [女] 28	姪	nečákinja [女] ④
翻訳する	prevêsti [完] ⑥	～も	túdi [接] 3
		モイツァ(女の名)	Mójca [女] 2

ま 行

まあまあ	gré 3	もう	žé [副] 14
(～の)前に	pred [前]＋造 16	もう一方の	drúgi [形] 26
孫	vnúk [男] ④	木曜日	četŕtek [男] 22
孫娘	vnúkinja [女] ④	もし	če [接] 22
マーシャ(女の名)	Máša [女] 5	もしもし	halò [挿] 7
まずまず	v rédu 8	もちろん	sevéda [副] 10
まだ	šé [副] 11	持っている	iméti [不完] 6
町	mésto [中] 21	最も好んで	nàjraje [副] 28
待ち合わせる	dobíti se [完] 27	物	stvár [女] 30
待つ	čákati [不完] 27／počákati [完] 27	催し物	prireditev [女] 29

や 行

～まで	do [前]＋生 10	～屋	trgovína s／z＋造 13
窓	ókno [中] 11	やあ	zdrávo [挿] ②, žívjo [挿] 7
招く	povábiti [完] 23	焼く	pêči [不完] ⑥
マリボル	Máribor [男] 9	休み	počítnice [女複] 15
満足している	zadovóljen [形] 26	野生の	dívji [形] ⑥
見える	vídeti [不完] 9	ヤネス(男の名)	Jánez [男] 23
(～のように)見える	izglédati [不完] 28	夕方	zvečér [副] 13
右に	désno [副] 2	友人	prijátelj [男] 13／prijáteljica [女] 13
水	vôda [女] 6	郵便局	pôšta [女] 27
湖	jézero [中] 24	雪	snég [男] 27
店	trgovína [女] 13	雪が降る	snežíti [不完] 27
見せる	pokázati [完] 28	輸入する	uvozíti [完] ⑥
南	júg [男] ⑥	よい	dóber [形] 8
醜い	gŕd [形] ⑥	よいご旅行を	sréčno pót [挿] ②
耳	uhó [中] ⑤	陽気に	vesélo [副] 19
見る	glédati [不完] 17／poglédati [完] 18	ようこそ	dòbrodôšli [挿] ②
ミルク	mléko [中] 1	(～の)ようだ	zdéti se [不完] 20
息子	sín [男] ④		

よく	dôbro [副] 3		旅行する	potováti [不完] 16
ヨージェ(男の名)	Jóže [男] 5		リラックスする	sproščên [形] 17
夜中に	ponôči [副] 14		隣人	sôsed [男]
呼ぶ	poklícati [完] 14			23／soséda [女] ⑤
読む	bráti [不完] 7		列車	vlák [男] 27
より(比較)	kàkor [接] ⑥,		レポート	referát [男] 7
	kot [接] 26		6	šést [数] ③
	od [前]＋生 26		6月	júnij [男] 27
より大きい	véčji [形] ⑥		60	šéstdesát [数] 26
より軽い	lážji [形] ⑥		6番目の	šêsti [数] 27
より小さい	mánjši [形] ⑥			
より長い	dáljši [形] ⑥		**わ 行**	
よりよい	bôljši [形] 28			
夜に	ponôči [副] 14		ワイン	víno [中] 1
喜び	vesêlje [中] 10		若い	mlád [形] 26
喜んで	ràd[形]21, z vesêljem 10		若い女の人	deklè [中] 24
ヨーロッパ	Evrópa [女] 21		若く	maldó [副] ⑥
4	štíri [数] 12		忘れる	pozabíti [完] 24
40	štírideset [数] 26		私	jàz [代] 4
4番目の	četŕti [数] 27			～の：mój [代] 4
			私たち	mí [代] ①
ら 行				～の：nàš [代] 4
			私たち二人	mídva [代] ①
ライトアップする	razsvetlíti [完] 29			～の：nájin [代] 5
リュブリャーナ	Ljubljána [女] 8		悪い	slàb [形] 25
両親	stárši [男複] 12		悪く	slabô [副] 20,
旅行	potovánje [中] 18			hudô [副] ⑥

スロヴェニア語－日本語索引

（第1課～文法補遺）

［ ］の中の品詞分類は日本語－スロヴェニア語索引と同じ．
訳語の前には出没母音が現れるもの，不定法語幹と現在語幹が大きく異なるものなど注意を要する場合，その形態を示した．
→p.： ページ参照
→ ：同じ意味の女性を表す語
【 】複数形で用いられることが多い名詞

A

a［副］～かどうか（疑問文の前につける）（口語）
a［接］しかし（文語的）
adíjo［挿］おやすみ，じゃあね，バイバイ
ali［副］～かどうか（疑問文の前につける）（文語）
àli［接］あるいは，または
àmpak［接］しかし，でも
Ánglija［女］イギリス
angléško-slovénski［形］英語－スロヴェニア語の
apríl［男］4月
área［女］区域，エリア →p.149
avgúst［男］8月
ávto［男］自動車，車
ávtobus［男］バス

B

bábica［女］おばあさん
balón［男］風船
bánka［女］銀行
báti se［不完］＋生 bojím se 恐れる
bégati［不完］逃げ回る
bél［形］白い
beséda［女］ことば，単語 →p.149
bežáti［不完］逃げる
bi［助］l分詞とともに条件法をつくる
bíti［不完］ある，いる，である
　→p.49, p.141
Bléd［男］ブレッド湖
blízu［副］近くに
bódisi ～ bódisi ～ ～であろうと～かろうと，～か～か（文語）
bogàt［形］金持ちの，裕福な
bolán［形］病気の
boléti［不完］痛い Zób me bolí. 歯が痛い
bôlêzen［女］単生 -zni 病気
bóljši［形］よりよい
bôžič［男］クリスマス
božíčen［形］-čna クリスマスの ～o drevó: クリスマスツリー
bràt［男］兄，弟
bráti［不完］bêrem 読む

— 222 —

brátranec [男] 単生 -nca 従兄弟
brez [前] +生 ～なしで

C

cél [形] 全体の ～ dán：一日中
Celóvec [男] 単生 -vca クラーゲンフルト
cérkev [女] 単生 -kve 教会
césta [女] 道
cvét [男] 複主 -i, -óvi 花

Č

čáj [男] お茶
čákati [不完] 待つ
čàs [男] 時間
časopís [男] 新聞
če [接] もし；～かどうか
čepràv [接] ～にもかかわらず
čestítati [完・不完] お祝いを言う
　－am！：おめでとう
četŕt [副] 4分の1，4分の1時間
　（15分）
četŕtek [男] 単生 -tka 木曜日
četŕti [数] 4番目の
četrtína [女] 4分の1
čévelj [男] 単生 -vlja【複】靴
čez [前] +対 ～の間(時間)，～後
　(時間)，～を越えて
čigáv [代] 誰の
čím ～ tém ～ ～すればするほど
　～だ
čístiti [不完] 掃除する
čísto [副] すっかり，全く
člának [男] 単生 -nka 論文，記事
člôvek [男] 人間，人

čŕn [形] 黒い

D

da [接] (～だ) と
dà [挿] はい (文語)
dáljši [形] より長い
dán [男] 単生 -bra →p.113
dánes [副] 今日
darílo [中] 贈り物，プレゼント
dáti [完] 与える，あげる →p.69
decêmber [男] 単生 -bra 12月
dédek [男] 単生 -dka おじいさん
deklè [中] 若い女の人 →p.110
délati [不完] 働く，する，作る
denár [男] 単生 -ja お金
desét [数] 10
desêti [数] 10番目の
desetína [数] 10分の1
deskà [女] 板 →p.150
désno [副] 右に
devét [数] 9
devêtdeset [数] 90
devêti [数] 9番目の
devêtindvájset [数] 29
devêtnajst [数] 19
dèž [男] 単生 -jà 雨
dežêla [女] 国，田舎 →p.149
deževáti [不完] 雨が降る
dežník [男] 傘
dìm [男] 煙
dívji [形] 野生の
do [前] +生 ～まで
dôber [形] -bra よい
dôber dán [挿] こんにちは
dôber večér [挿] こんばんは
dobíti se [完] 会う，待ち合わせる

— 223 —

dôbro [副] よく
dòbrodôšli [挿] ようこそ
dôbro jútro [挿] おはようございます
dogovoríti se [完] 話し合って決める
doklèr [接] するまで，～する間（否定・完／肯定・不完）
dôlg [形] 長い
dôlgo [副] 長く
domá [副] 家で，家に
domóv [副] 家へ
dopôldne [副] 午前中
drág [形] 高い（値段）
drág [形] 親愛なる
dragó [副] 高く
drevó [中] 木 →p. 85
drúgi [形] 他の，もう一方の；2番目の
družína [女] 家族
Dúnaj [男] ウィーン
dvá [数] 2
dváindvájset [数] 22
dvájset [数] 20
dvánajst [数] 12
dvánajsti [数] 12番目の
dvígniti [完] 上げる
dvígniti se [完] 上がる

E

èn [数] 1
ênaindvájset [数] 21
enájst [数] 11
enájsti [数] 11番目の
Evrópa [女] ヨーロッパ

F

fakultéta [女] 学部
fànt [男] 少年，男の子
fébruar [男] 単生 -ja 2月
fílm [男] 映画
fotografíja [女] 写真
Fráncija [女] フランス

G

gláva [女] 頭
glavobòl [男] 頭痛
gledalíšče [中] 劇場
glédati [不完] 見る
globòk [形] 深い
gnáti [不完] žênem 追う
goníti [不完] 追い回す
gospá [女] ～さん，女の人（既婚）
gospód [男] ～さん，男の人
gospodíčna [女] ～さん，女の人（未婚）
gospodínja [女] 主婦
gòst [男] 複主 gôstje, gôsti 客 →gôstja [女]
gostílna [女] 居酒屋
govoríti [不完] 話す
grád [男] 城 →p. 147
gŕd [形] 醜い
gré まあまあ
gŕlo [中] 喉

H

h [前] ＋与 ～の方へ（次にk-，g-で始まる語）

halò [挿] もしもし
hčérka [女] 娘
hčí [女] 娘 →p.106
híša [女] 家
hitéti [不完] 急ぐ
hodíti [不完] 歩く，通う
hotél [男] ホテル
hotéti [不完] hóčem ～したい，欲しい
Hríbar フリバル（姓）
hrúška [女] 梨
húd [形] 悪い
hudó [副] 悪く
hvála [挿] ありがとう

I

igráča [女] おもちゃ
imé [中] 名前 →p.113
imenováti se [不完] ～という名だ
iméti [不完] imám 持っている
in [接] そして
in sicer つまり，すなわち
inženír [男] 単生 -ja 技師
　→inženírka [女]
iskáti [不完] íščem 探す
ísti [形] 同じ
íti [不完] 行く →p.41, p.86, p.130
iz [前] ＋生 ～から
izglédati [不完]（～のように）見える
izgubíti [完] なくす
izlèt [男] 遠足
izmed [前] ＋生 ～の間から
iznad [前] ＋生 ～の上から
izpít [男] 試験
izpod [前] ＋生 ～の下から
izposóditi si [完] 借りる

izpred [前] ＋生 ～の前から
izvóli [挿] どうぞ
izvólite [挿] どうぞ
izza [前] ＋生 ～の後ろから

J

já [挿] はい
Jánez [男] ヤネス（男の名）
jánuar [男] 単生 -ja 1月
Japónec [男] 単生 -nca 日本人
　→Japónka [女]
Japónska [女] 日本 na ～skem：日本で
jàz [代] 私
jéd [女] 単生 -í 食事
jedílen [形] -lna 食事の ～i list：メニュー
jesén [女] 単生 -i 秋
jeséni [副] 秋に
jésti [不完] 食べる →p.69, p.86
jézero [中] 湖
jêzik [男] 言語
jópica [女] カーディガン
Jóže [男] ヨージェ（男の名）→p.82
júg [男] 南
júlij [男] 7月
júnij [男] 6月
jútri [副] 明日

K

k [前] ＋与 ～の方へ（次の語がk－，g－以外）
kàdar [接] ～する時はいつも
kadíti [不完] 煙草をすう
káj [代] 何

kájti [接] なぜなら（文語的）
kakó [副] どのように
kàkor [接] より
kàkor hítro ～するとすぐに
kákšen [形] -šna どんな，どのような
kám [副] どこへ
kámra [女] クローゼット →p. 150
káplja [女] 滴 →p. 150
kàr [代] ～のもの
kasnéje [副] 後で
katéri [代] どちらの，どの
káva [女] コーヒー
kavárna [女] 喫茶店
kdáj [副] いつ
kdó [代] 誰
kdór [代] ～という人
ker [接] なぜなら
ki [代] ～するところの
kjé [副] どこで
kjèr [副] ～のところ
kljúb [前] +与 ～にもかかわらず
kljúb tému da ～であるにもかかわらず
klobúk [男] 帽子
knjíga [女] 本
knjigárna [女] 書店，本屋
knjížen [形] -žna 本の
knjížnica [女] 図書館
ko [接] ～の時に，もし
kokóš [女] 単生 -i 雌鶏
kóliko [副] いくつ，いくら
koló [中] 自転車 →p. 85
kómaj [副] やっと，～するとすぐに
koncêrt [男] コンサート
končáti [完] 終える
kopalíšče [中] プール

Kòs コス（姓）
kosílo [中] 昼食
kosíti [不完] 昼食をとる
kot [接] ～として，同じように，より
krílo [中] スカート
kúhinja [女] 台所
kupíti [完] 買う
kupováti [不完] 買う

L

ládja [女] 船 →p. 150
láhek [形] -hka 軽い，容易な，易しい
lahkó [副] できる（可能）
lahkó nóč [挿] おやすみなさい
lás [男] 髪 →p. 97
lazíti [不完] 登る，よじ登る
lážji [形] より軽い
lè [副] ただ，だけ
lékcija [女] 授業，レッスン
lép [形] 美しい，きれいな
lepó [副] 美しく
lésti [不完] lézem, lézel, lézla 登る，よじ登る
letalíšče [中] 空港
letálo [中] 飛行機
létati [不完] 飛ぶ，飛び回る
letéti [不完] 飛ぶ
léto [中] 年
létos [副] 今年
literatúra [女] 文学
Ljubljána [女] リュブリャーナ（町の名，スロヴェニアの首都）
ljudjé [男複] 人々 →p. 138
lúčca [女] 明かり →p. 150
lúna [女] 月

M

máčka [女] 猫
máj [男] 5月
májhen [形] -hna 小さい(非限定形)
máli [形] 小さい(限定形)
mánjši [形] より小さい
márec [男] 単生 -rca 3月
Máribor [男] マリボル (町の名)
Máša [女] マーシャ (女の名)
máti [女] 母 →p. 106
me veselí [挿] はじめまして
med [前] +造 ～の間で(場所)
med [前] +対 ～の間へ(方向)
medicína [女] 医学
medtém ko ～している間に；一方、～に対して
mésto [中] 町
metúlj [男] 蝶
mí [代] 私たち
mídva [代] 私たち二人
milijón [数] 100万
mimo [前] +生 ～以外に、～のそばを過ぎて
mímogredé [副] ところで
mír [男] 平和 →p. 147
mísliti [不完] 思う、考える
míza [女] 机、テーブル
mlád [形] 若い
mladó [副] 若く
mléko [中] 牛乳、ミルク
mnóg [形] 多くの
mnógo [副] たくさん
môčen [形] -čna 強い
mogóče [副] ひょっとして
mój [代] 私の

Mójca [女] モイツァ (女の名)
môrati [不完] ～しなければならない
mórje [中] 海 →p. 149
môst [男] 橋 →p. 147
môž [男] 男、夫 →p. 148
mrávlja [女] 蟻 →p. 150

N

na [前] +前 ～(の上)に、で
na [前] +対 ～(の上)へ
na lévi 左に
na prímer 例えば
na svídenje [挿] さようなら
na žálost 残念ながら
načŕt [男] 計画
nad [前] +対 ～の上へ
nad [前] +造 ～の上で
naj [接] ～するように
nájin [代] 私たち二人の
nakupováti [不完] 買い物をする
nalóga [女] 課題
nameráveti [不完] ～するつもりだ
namésto [前] +生 ～のかわりに
námreč [副] つまり、すなわち
napísati [完] -píšem 書き上げる
narediti [完] する、作る
naslòv [男] 住所
nàš [代] 私たちの
natákar [男] 単生 -ja ウェイター
natákarica [女] ウェイトレス
nè [挿] いいえ
ne [助] ～でない
ne márati [不完] 嫌いだ
ne môči [不完] ne mórem できない →p. 89

ne ～ ne ～　～も～もない
nebó [中] 空
nečák [男] 甥
nečákinja [女] 姪
nedélja [女] 日曜日
néhati [完] やめる
nékajkrat [副] 何度か
Némec [男] 単生　-mca　ドイツ人
　→Némka [女]
nesréča [女] 事故
nêsti [不完] 運ぶ
nevíhta [女] 嵐
ní tréba　～する必要ない
níč [数] ゼロ
níti ～ níti ～　～も～もない
njegóv [代] 彼の，その
njén [代] 彼女の，その
njíhov [代] 彼らの，それらの
njún [代] 彼ら二人の，彼女ら二人の，それら二つの
nobèn [代] 誰も，何も
nôga [女] 足
nós [男] 鼻　→p. 147
nosíti [不完] 運ぶ
nòv [形] 新しい
novêmber [男] 単生 -bra　11月
novínar [男] 単生 -ja　記者，ジャーナリスト　→novínarka [女]
nôvo [副] 新たに

O

ó [挿] おや
o [前] ＋前　～について
ob [前] ＋前　～の横に，～のそばに
ob [前] ＋対　～のそばへ，～とぶつかって

obiskáti [完] obíščem　訪れる
oblák [男] 雲
obléči se [完] -čem, -kel, -kla　着る
obúti [完] obújem　靴を履かせる
obzórje [中] 地平線
óče [男] 父　→p. 82
od [前] ＋生　～から
oddáti [完] 渡す
odíti [完] odídem, odšèl, odšlà　出かける
odkàr [副] ～以来（ずっと）
odkód [副] どこから
odletéti [完] 飛び立つ
odločíti se [完] 決める
odnêsti [完] 取り去る，運び去る
odpeljáti se [完]（乗り物で）出発する，出かける
ôkno [中] 窓　→p. 149
okó [中] 目　→p. 119
okóli [前] ＋生　～のまわりで，～くらいに
　　　　[副] 大体
okrasíti [完] 飾る
okrog [前] ＋生　～のあたりに，近くに
október [男] 単生 -bra　10月
omára [女] たんす
òn [代] 彼，それ
ôna [代] 彼女，それ
ônadva [代] 彼ら二人，それら二つ
ône [代] 彼女ら，それら
ônedve [代] 彼女ら二人，それら二つ
ôni [代] 彼ら，それら
ôno [代] それ
oprósti [挿] ごめんなさい，すみません（tí に対して）

— 228 —

oprostíte [挿] ごめんなさい，すみません（víに対して）
ósem [数] 8
ósemdeset [数] 80
ósemindvájset [数] 28
ósemnajst [数] 18
ôsmi [数] 8番目の
ostáti [完] ostánem 残る
otròk [男] こども →p. 148
ôvca [女] 羊 →p. 150
ózek [形] ózka 狭い

P

pa [接] そして(口語)，で(口語)，一方 (口語)，でも (口語)
pazíti se [不完] 気をつける
pêči [不完] pêčem, pékel, pêkla 焼く
pès [男] 単生 psà 犬
pésem [女] 単生 -smi 歌，詩
pést [女] 単生 -í 拳
pêš [副] 歩いて
pét [数] 5
pétdeset [数] 50
pétek [男] 単生 -tka 金曜日
pêti [不完] pôjem 歌う
pêti [数] 5番目の
petína [女] 5分の1
pétindvájset [数] 25
pétnajst [数] 15
pétnajsti [数] 15番目の
pijáča [女] 飲み物
pisálen [形] -lna 書き物の
pisátelj [男] 作家
　　→pisáteljica [女]
pisáti [不完] píšem 書いている，書く

pisáti se [不完] 〜という名字だ
písmo [中] 手紙 →p. 149
píti [不完] píjem 飲む
pláča [女] 賃金
plávati [不完] 泳ぐ
plêsti [不完] plêtem 編む
po [前] ＋前 〜によれば，〜の後で，〜じゅう
po [前] ＋対 〜を求めて
po angléško [副] 英語で
po japónsko [副] 日本語で
po némško [副] ドイツ語で
po slovénsko [副] スロヴェニア語で
počákati [完] 待つ，出迎える
počítnice [女複] 休暇，休み
počútiti se [不完] 感じる 〜 slabó ：気分が悪い
pod [前] ＋造 〜の下に
pod [前] ＋対 〜の下へ
podaríti [完] 贈る
podóben [形] ＋与 -bna 〜に似ている
poezíja [女] 詩
poglédati [完] 見る →p. 82
pogósto [副] しばしば
pogovárjati se [不完] おしゃべりする，話し合う
pogréšati [不完] 懐かしがる
pokázati [完] -kážem 見せる
poklíc [男] 職業
poklícati [完] -klíčem 呼ぶ，電話する
poleg [前] ＋生 〜の隣に，〜に加えて
poléti [副] 夏に

— 229 —

polétje [中] 夏
políca [女] 棚
pôlje [中] 畑，野原　→p. 149
polovíca [女] 半分，2分の1
položíti [完] 置く
pomágati [不完・完] +与　手伝う
poméniti [不完] 意味する
pomíti [完] -míjem 洗う
pomlád [女] 単生 -i 春
ponavádi [副] 普段
ponedéljek [男] 単生 -jka 月曜日
ponôči [副] 夜に，夜中に
popíti [完] -píjem 飲み終える
popóldne [副] 午後に
poprosíti [完] 頼む
posijáti [不完] -síjem 照らす
posláti [完] pôšljem 送る
poslóven [形] -vna 仕事の　～o
　potovánje：出張
posóda [女] 食器
postája [女] 駅
postajalíšče [中] 停留所
postáviti [完] 立てる
pôstelja [女] ベッド
pošíljati [不完] 送る
pôšta [女] 郵便局
potém [接] そのあと
potovánje [中] 旅行
potováti [不完] 旅行する
potrebováti [不完] 必要とする
povábiti [完] 招待する，招く
povédati [完] -vém 語る，話す，伝
　える
povzročíti [完] 引き起こす
pozabíti [完] 忘れる
pozdràv [男] 挨拶
pozdráviti [完] 挨拶する

pozími [副] 冬に
poznáti [不完] 知っている
pràv [副] ちょうど
pred [前] +対　～の前へ
pred [前] +造　～の前に
préden [接] ～する前に
predstáva [女] 演劇，演目
predstáviti [完] 紹介する
prehladíti se [完] 風邪を引く
prehlajèn [形] 風邪を引いている
preko [前] +生　～を通して
premísliti [完] 熟考する
premôčen [形] -čna 強すぎる
preselíti se [完] 引っ越す
Prešéren プレシェーレン（姓）
prevêsti [完] -vêdem 翻訳する
prezgódaj [副] 早すぎて
prežívljati [不完] 過ごす
pri [前] +前　～のそばに，～のとこ
　ろに
prihájati [不完] 来る，～出身だ
prijátelj [男] 友人
　→prijáteljica [女]
prijázen [形] -zna 親切な
prilôžnost [女] 単生 -i 機会
pripeljáti se [完]（乗り物で）やって
　来る
priredítev [女] 単生 -tve 催し物
príti [完] prídem 来る　→p. 86
profésor [男] 単生 -ja 教授
　→profésorica [女]
promèt [男] 交通
prósim [挿] お願いします，どういた
　しまして
prôšnja [女] 頼み
proti [前] +与　～に対して，向かっ
　て

prtljága [女] 荷物
pŕvi [数] 最初の，1番目の
pŕvič [副] はじめて
puščáva [女] 砂漠

R

računálnik [男] コンピュータ
ràd [形] 喜んで
razbíti [完] -bíjem 発達させる
rázen [前] ＋生 〜の他に，〜を除いて
razlágati [不完] 説明する
razlíčen [形] -čna さまざまな
rázred [男] 教室
razstáva [女] 展覧会
razsvetlíti [完] 光をあてる，ライトアップする
rdèč [形] 赤い
rêči [完] rêčem 言う →p. 89
réd [男] 秩序
referát [男] レポート
rés [副] 本当
réven [形] -vna 貧乏な
revíja [女] 雑誌
rôjsten [形] - tna 誕生の 〜i dan：誕生日
rôka [女] 手
román [男] 小説

S

s [前] ＋生 〜(の上)から (次の語が無声子音で始まるとき)
s [前] ＋造 〜で (手段)，〜と共に (次の語が無声子音で始まるとき)
sàj [接] だって，だから

sám [代] 自分で
sámopostrẹ́žba [女] スーパーマーケット
sánje [女複] そり
sêbe [代] 自分自身
sédem [数] 7
sédemdeset [数] 70
sédemindvájset [数] 27
sédemnajst [数] 17
sedéti [不完] -ím すわっている
sêdmi [数] 7番目の
sèm [副] ここへ
septêmber [男] 単生 -bra 9月
sêstra [女] 姉，妹
sestríčna [女] 従姉妹
sevéda [副] もちろん
séver [男] 北
seznániti se [完] 知り合う
sicèr [接] なぜなら
sín [男] 息子 →p. 147
skála [女] 崖
skodélica [女] カップ
skôzi [前] ＋対 〜を通して
skrbéti [不完] 心配する
skúpaj [副] 一緒に，全部で
slàb [形] 悪い
slabô [副] 悪く
sládkor [男] 単生 -órja 砂糖
slíka [女] 絵，写真
slovár [男] 単生 -ja 辞書，辞典
Slovénec [男] 単生 -nca スロヴェニア人 →Slovénka [女]
Slovénija [女] スロヴェニア
slovénski [形] スロヴェニアの
slovénščina [女] スロヴェニア語
smejáti se [不完] 笑う
smẹ́ti [不完] 〜してもよい

smúčati [不完] スキーをする
snég [男] 雪
snežíti [不完] 雪が降る
sôba [女] 部屋
sobóta [女] 土曜日
sók [男] ジュース
sónce [中] 太陽
soródnik [男] 親戚
　→soródnica [女]
sôsed [男] 複主 sosédje, sosédi 隣人 →soséda [女]
spáti [不完] spím 眠る
spomínjati se [不完] 覚えている
spomládi [副] 春に
spoštován [形] 尊敬する, 拝啓
spoštovánje [中] 敬意 s ～em：敬具
sprehájati se [不完] 散歩する
sprehòd [男] 散歩
spremeníti se [完] 変わる
sproščén [形] リラックスする
sréčati [完] 会う
sréčno pót [挿] よいご旅行を
sréda [女] 水曜日
srédi [前] +生 ～の真ん中に
stánje [中] 状態, 症状
stanovánje [中] 住宅, 住まい
stanováti [不完] 住む
stàr [形] 古い, 年とった ～a máti：祖母, ～i oče：祖父
stárši [男複] 両親
státi [不完] stojím 立っている
státi [不完] stánem 値段がする
sténa [女] 壁
stó [数] 百
stòl [男] 椅子
stréha [女] 屋根

stríc [男] 伯父, 叔父
stvár [女] -í 事, 物
svetlôba [女] 光
svínčnik [男] 鉛筆
svój [代] 自分の

Š

šè [副] まだ, さらに, もっと
šelè [副] やっと
šést [数] 6
šéstdeset [数] 60
šésti [数] 6番目の
šéstindvájset [数] 26
šéstnajst [数] 16
šofírati [不完] 運転する
šóla [女] 学校
šôpek [男] 単生 -pka 花束
špórt [男] スポーツ
štíri [数] 4
štírideset [数] 40
štíriindvájset [数] 24
štírinajst [数] 14
štírinajsti [数] 14番目の
študènt [男] 学生 →p. 97
　→študêntka [女]
študírati [不完] 勉強する

T

tá [代] この
tabléta [女] 錠剤
takó da だから, 従って
tàm [副] そこに, そこで
têči [不完] têčem, têkel, têkla 走る, 流れる
téden [男] 単生 -dna 週

têkati [不完] 走る，走り回る
telefón [男] 電話
telefonírati [不完・完] 電話する
televizíja [女] テレビ（放送）
telô [中] 単生 -ésa 身体 →p. 85
têmen [形] -mna 暗い
têta [女] 伯母，叔母
têžek [形] -žka 重い，難しい
tí [代] 君
tísoč [数] 千
tísti [代] その
tjà [副] そこへ，あちらへ
tlà [中複] 床 →p. 149
tô [代] これ
tô je つまり，すなわち
tô poméni つまり
tôčno [副] 正確に
tôda [接] しかし（文語的）
Tône [男] トーネ（男の名）→p. 82
tôrba [女] カバン，バッグ
tôrej [接] つまり，それでは，結果として
tôrek [男] 単生 -rka 火曜日
továrna [女] 工場
trenútek [挿] 少々お待ちください
trétji [数] 3番目の
tretjína [女] 3分の1
tŕg [男] 広場
trgovína [女] 店 s／z＋造：～屋
trí [数] 3
trídeset [数] 30
tríindvájset [数] 23
trínajst [数] 13
trínajsti [数] 13番目の
túdi [接] ～も
túkaj [副] ここに
tvój [代] 君の

U

účbenik [男] 教科書
učênec [男] 単生 -nca 生徒
　→učênka [女]
učítelj [男] 教師，先生
　→učíteljica [女]
učíti se [不完] ＋生 学ぶ，勉強する
udáriti [完] うちつける
uhô [中] 耳 →p. 119
ukvárjati se [不完] s／z＋造 従事する，たしなむ
umétniški [形] 芸術的な
umréti [完] umrèm/umŕjem, umŕl 死ぬ
univêrza [女] 大学
úpati [不完] 希望する，思う
úra [女] ～時，時間，時計
uspéh [男] 成功
uvozíti [完] 輸入する

V

v [前] ＋前 ～（の中）で，に
v [前] ＋対 ～（の中）へ
v rédu 大丈夫，まずまず
vájin [代] あなたがた二人の，君たち二人の
varováti [不完] めんどうを見る
vàš [代] あなた（がた）の，君たちの
včásih [副] 時々
včéraj [副] 昨日
vêčji [形] より大きい
védeti [不完] 知っている →p. 53
vêlik [形] 大きい
velíko [副] たくさん

veljá [挿] OK
vèndar [接] それでも，しかし
verjétno [副] きっと
vès [形] 全部の，すべての
vesêlje [中] 喜び
vesélo [副] 楽しく，陽気に
vêsti [不完] vêdem, vêdel, vêdla 連れて行く
véter [男] 単生 -tra 風
ví [代] あなた (がた)
vídeti [不完・完] 見える
vídva [代] あなたがた二人，君たち二人
víno [中] ワイン
visôko [副] 高く
vlák [男] 列車
vnúk [男] 孫
vnúkinja [女] 孫娘
vôda [女] 水
vodíti [不完] 連れて行く
vprášati [完] 質問する，尋ねる
vrême [中] 天気 →p. 113
vrníti se [完] -nem se 帰る
vròč [形] 暑い，熱い
vročína [女] 熱
vŕsta [女] 種類
vŕt [男] 複主 vrtóvi 庭
vsák [代] それぞれの
vseêno 与 je どちらでもよい
vstáti [完] vstánem 起きる，立ちあがる
vsêč [副] 気に入る
vzéti [完] vzámem (手に)取る → p. 137
vzhòd [男] 東

Z

z [前] ＋生 ～(の上)から(次に有声子音か母音で始まる語がくるとき)
z [前] ＋造 ～で(手段)，～と共に (次に有声子音か母音で始まる語がくるとき)
z vesêljem 喜んで
za [前] ＋造 ～の後ろで
za [前] ＋対 ～のために，～のための
zabáva [女] パーティー
začéti [完] -čnèm 始める
začéti se [完] -čnèm se 始まる
zadovóljen [形] -ljna 満足している
zahòd [男] 西
zajtrkováti [不完] 朝食をとる
zakáj [副] なぜ
zalóžba [女] 出版社
zamúda [女] 遅れ iméti ～o：遅れる
zaposlèn [形] 忙しい
zaposlítev [女] 単生 -tve 仕事, 職
zapŕt [形] 閉まっている
zarádi [前] ＋生 ～のせいで，～の理由で
zatô [接] だから
zatô ker [接] なぜなら
zavésa [女] カーテン
zbírka [女] アンソロジー
zdàj [副] 今
zdéti se [不完] ～のようだ
zdràv [形] 元気な，健康な
zdravník [男] 医者 →zdravníca [女]

— 234 —

zdrávo [挿] やあ，おはよう，こんにちは，こんばんは
zeló [副] とても，非常に
zgódaj [副] 早い
zgódba [女] 話
zgodíti se [完] 起こる
zgoščênka [女] CD
zgradíti [完] 建てる
zíma [女] 冬
zímski [形] 冬の
zjútraj [副] 朝に
zlésti [不完] zlézem, zlézel, zlézla 這う
zméraj [副] いつも
znáti [不完] できる（能力）
zôb [男] 歯 →p.148
zôper [前] ＋対 〜に反対して

zráven [前] ＋生 〜の横に，隣に
zvečér [副] 夕方
zvézek [男] 単生 -zka ノート

Ž

žàl 残念ながら
žé [副] もう，既に
želéti [不完] 望む，〜したい
žélezniški [形] 鉄道の
žêna [女] 妻
živáhno [副] にぎやかに
živéti [不完] 生きる，暮らす
žívjo [挿] やあ，おはよう，こんにちは，こんばんは
Župánčič ジュパンチチ（姓）

スロヴェニア語の方言分布

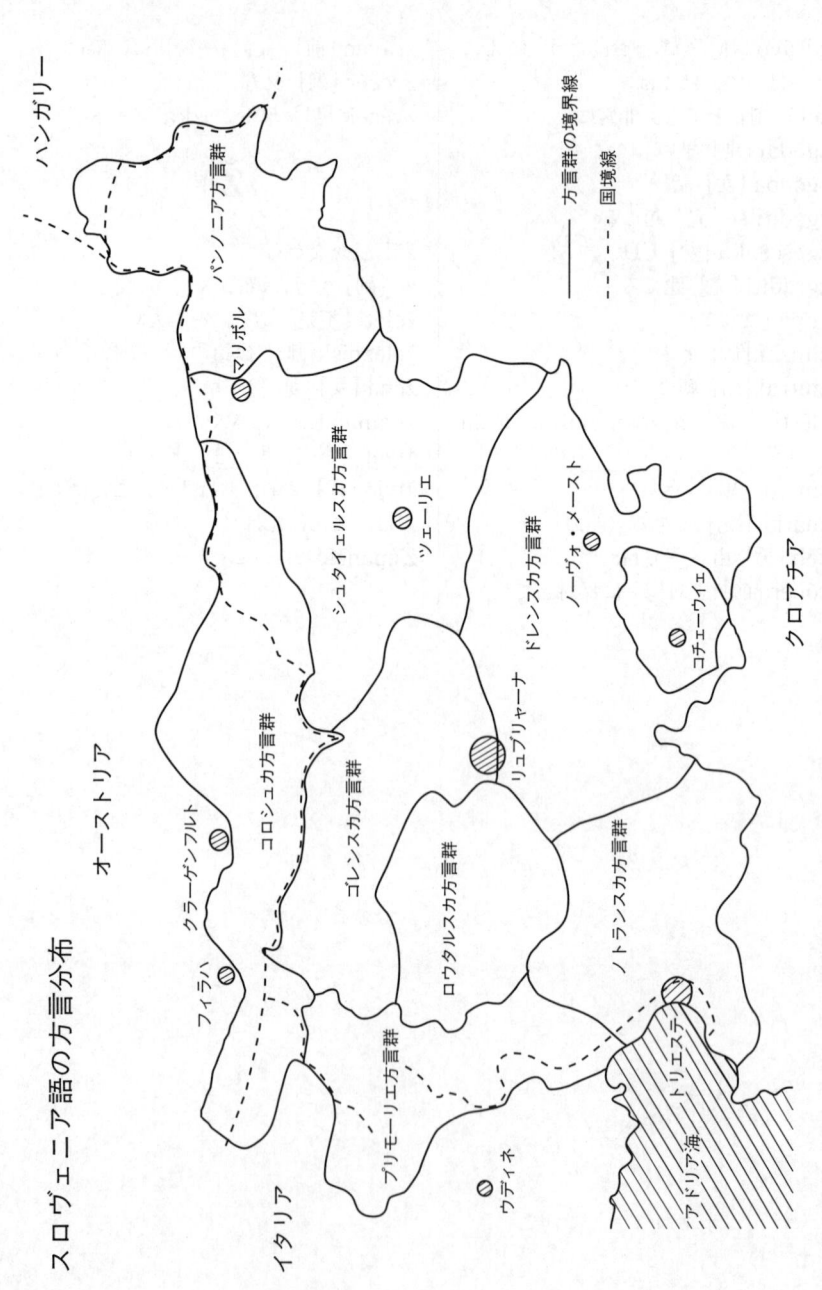

出典 Priestly, T.M.S. Slovene In : *The Slavonic Languages* 1993 London and New York による。

目録進呈　落丁本・乱丁本はお取替えいたします。

平成13年5月30日　Ⓒ 第1版発行
平成24年11月20日　　　第2版発行

スロヴェニア語入門

著　者　金指久美子
　　　　（かなざし　くみこ）

発行者　佐藤政人

発行所
株式会社　大学書林
東京都文京区小石川4丁目7番4号
振替口座　00120-8-43740
電　話　(03)3812-6281〜3
郵便番号 112-0002

ISBN978-4-475-01850-0　TMプランニング・横山印刷・牧製本

大学書林
語学参考書

著編者	書名	判型	頁数
金指久美子 著	スロヴェニア語日本語小辞典	新書判	580頁
金指久美子 編	チェコ語基礎1500語	新書判	200頁
金指久美子 編	チェコ語会話練習帳	新書判	176頁
小林正成 編 桑原文子	現代チェコ語日本語辞典	新書判	768頁
石川達夫 著	チェコ語初級	A5判	400頁
石川達夫 著	チェコ語中級	A5判	176頁
岡野裕 編	チェコ語常用6000語	B小型	640頁
長與進 編	スロヴァキア語会話練習帳	新書判	216頁
長與進 著	スロヴァキア語文法	A5判	520頁
山崎洋 編 田中一生	スロベニア語会話練習帳	新書判	168頁
山崎佳代子 編	スロベニア語基礎1500語	新書判	160頁
三谷恵子 著	クロアチア語ハンドブック	A5判	280頁
三谷恵子 編	クロアチア語常用6000語	A5判	384頁
山崎洋 編 田中一生	セルビア・クロアチア語基礎1500語	新書判	128頁
山崎洋 編 田中一生	セルビア・クロアチア語会話練習帳	新書判	208頁
中島由美 編 田中一生	マケドニア語会話練習帳	新書判	176頁
中島由美 編	マケドニア語基礎1500語	新書判	152頁
松永緑彌 著	ブルガリア語文法	B6判	184頁
松永緑彌 編	ブルガリア語常用6000語	B小型	404頁
土岐啓子 編	ブルガリア語会話練習帳	新書判	152頁
直野敦 著	アルバニア語入門	A5判	256頁
中井和夫 著	ウクライナ語入門	A5判	224頁
黒田龍之助 編	ウクライナ語基礎1500語	新書判	192頁
黒田龍之助 編	ベラルーシ語基礎1500語	新書判	184頁

――目録進呈――